Lady Di chez elle

Marie-Pierre Carretier
Yvonne Whitaker

Lady Di chez elle

Les recettes d'une Princesse

Photographies de Caroline Arber

Albin Michel

22, rue Huyghens, 75014 Paris.

ISBN 2-226-02819-6

Pourquoi et comment ce livre

Envoyée à Londres par le journal Elle *pour écrire un article sur Diana, je ne pouvais faire autrement que rencontrer James Whitaker,* le *journaliste anglo-saxon le plus au fait des gestes et dires de Diana. Je fis ainsi connaissance de sa femme, Yvonne. Toute menue, blonde et discrète, Yvonne Whitaker, qui organise des fêtes et des parties pour la gentry anglaise, m'avoua dans un souffle qu'elle faisait la collection des recettes de cuisine de la princesse. De ses randonnées à travers le monde pour suivre Diana, James lui rapportait tous les menus des banquets, dîners, déjeuners royaux. Quant à Yvonne, elle ne manquait ni un article de journal, ni une occasion d'interroger les proches de la famille de Galles. L'idée du livre était là, sous mes yeux... Ne restait plus qu'à la mettre en forme. Caroline Arber, une des plus grandes photographes mondiales, accepta d'enthousiasme de photographier les plats. Tim Graham, le seul à être entré dans les maisons des princes, autorisa la publication de ses photos.*
Avec un éditeur comme Albin Michel, nous ne pouvions que faire un beau livre.

M.P.C.

Introduction

« JE VIENDRAIS de Damas sur un âne boiteux pour voir la Princesse si elle me le demandait. » Mustapha Tlass, ministre syrien, homme sérieux s'il en est, résumait ainsi en une phrase l'adoration que porte le monde à Diana, cette incroyable princesse, celle qu'en France on continue d'appeler, envers et contre tous les usages, Lady Di. « Il n'y a jamais eu une blonde comme celle-là, mieux que Bardot, mieux que Streisand, mieux que Marilyn », reconnaît placidement un photographe qui la suit depuis bientôt six ans. Lorsque, avec Charles, elle se rend aux États-Unis, les Américains, qui aiment pousser leurs engouements jusqu'à l'extrême, n'hésitent pas à se faire photographier par milliers près d'un poster grandeur nature du couple vedette. La presse britannique est particulièrement douée, elle arrive à couvrir une double page entière rien qu'en racontant comment et pourquoi Di a mal au dos (elle porte ses enfants sur la hanche !). Mieux que Cendrillon ou que la Princesse au petit pois, Diana fait courir le monde et les cent trente journalistes-photographes qui lui sont loyalement attachés ne la quittent pas d'une semelle.

Que celui ou celle qui n'a pas fondu en l'approchant me jette la première pierre, je suis moi aussi une fan de Di. Peut-être faut-il avoir vécu la frénésie qui s'est emparée de la très digne Grande-Bretagne à l'annonce des fiançailles de Charles, peut-être faut-il avoir vu les gens pleurer dans la rue le jour de son mariage, peut-être faut-il avoir été dans les bouchons de Trafalgar Square quand elle accoucha de William, peut-être faut-il soi-même, et par dérision, avoir rapporté d'Angleterre des chaussettes frappées du sceau princier et puis conserver ces chaussettes avec un soin jaloux pour comprendre le magnétisme qu'elle exerce sur les populations. J'apprends, de source sûre, que Charles, futur roi d'Angleterre, et sa princesse seront en France en 1988. Vous allez voir ce que vous allez voir, ils sont capables de voler la vedette au nouveau président de la République.

Pour en venir au sujet du livre, Diana cuisine-t-elle ? Bonne question. Peut-on remuer ses casseroles lorsqu'on passe sa vie en voyage et en représentation, lorsqu'on a chez soi un cuisinier sorti des meilleures écoles, lorsqu'on a la réputation d'être le plus grand mannequin de son pays ? Diana, c'est évident, se retrouve peu souvent devant ses fourneaux. Par contre, c'est une fanatique de la diététique. Comme toute femme qui surveille sa ligne, elle fait très attention à la nourriture. Fascinée par la cuisine légère, il y a bien longtemps qu'elle a envoyé aux oubliettes les hamburgers de sa prime jeunesse. Elle adore les poissons, les soufflés, les légumes et les salades et saurait fort bien les préparer si le temps lui en était donné. Elle a pris des cours pour cela chez l'une des plus respectables cuisinières de Londres :

Elizabeth Russel. Française d'origine, Mme Russel enseigne l'art de la table aux jeunes filles de bonne famille britanniques. Après quoi, et pour se faire la main, lesdites jeunes filles vont cuisiner et servir dans d'autres bonnes familles, pour des œuvres de charité ou des galas de fin d'année. Exactement ce que fit Lady Di avant son mariage. « Je leur apprends à n'utiliser que des aliments de première fraîcheur et à éviter les décorations intempestives sur les plats, c'est du dernier mauvais goût », explique Mme Russel.

Diana, si elle n'avait été princesse, aurait donc fait une excellente cuisinière. C'est sans doute pourquoi, chaque fois qu'on lui fait parvenir les quatre menus parmi lesquels elle devra choisir celui de son prochain dîner ou banquet en Angleterre ou à l'étranger, elle inspecte soigneusement chaque plat avant de donner sa réponse. Sollicitée de toutes parts, elle prête parfois son concours à des livres de cuisine ou envoie une recette à telle petite fille qui le lui a demandé. Dans ces cas-là, il s'agit bien souvent de poissons ou de pâtes car Diana a la nostalgie de la cuisine de son enfance. Si elle se laissait aller, elle alternerait volontiers le hachis Parmentier avec les nouilles au gratin, avec, pour le dimanche, un soufflé au fromage. Je me suis laissé dire par un astrologue réputé que tous les « Cancer » — signe de Diana — étaient comme elle.

Forts de nos préjugés français, la cuisine anglaise est-elle mangeable ? C'est la question que me posaient tous mes amis quand je leur parlais de mon projet de recettes princières. A force, j'ai eu des doutes. De lancinants souvenirs de petits pois très très verts à la sauce à la menthe me revenaient en bouche. L'affreuse odeur des Wimpy me remontait à la tête par effluves persistants. Ma chère Grande-Bretagne était-elle une terre d'élection pour une cuisine digne de ce nom? C'est alors qu'Escoffier vint à mon secours. Escoffier et avec lui une obscure mais géniale cuisinière du début du siècle, Anna, qui travailla longtemps chez une grande dame parisienne, anglophile de surcroît. Ils me rappelèrent chacun à leur manière que les traditions culinaires furent longtemps communes à la France et à l'Angleterre. Des siècles durant, on a mangé la même chose à Londres et à Paris et plus spécifiquement dans les deux cours royales. Les princes britanniques parlaient français, notre langue fut longtemps la langue diplomatique internationale, et c'est pourquoi, aujourd'hui encore, on mange du *mutton* (mouton) à table mais qu'on élève des *sheeps* (mouton toujours) en Écosse. L'avantage de la Grande-Bretagne sur la France, c'est qu'en conservant la royauté et ses traditions (les menus de la reine sont écrits en français), elle a su préserver dans son île les vieilles recettes que concoctaient nos grands-mères. Parmi les recettes de Diana, voisinent donc sans vergogne les dernières inventions de la cuisine minceur avec des plats traditionnels de paysans, remontant parfois au Moyen Age. Ils tiennent au corps, c'est sûr, parfumés au gingembre, aux épices ou aux herbes sauvages, ce sont souvent les mets des grands frimas.

Si pendant des décennies le touriste français a mal mangé à Londres, c'est qu'il était obligé d'aller au restaurant alors que l'Anglais reste chez lui, en famille ou entre amis. La bonne cuisine bourgeoise ne sort pas de la maison, le fameux « *home sweet home*». Quelques restaurateurs importés de France ou d'Italie en ont bien profité en servant à grands frais de soi-disant spécialités bien grasses. Ces temps sont quasiment révolus. On peut désormais bien dîner dans les restaurants londoniens si l'on accepte une addition parfois élevée. Diana ne s'en prive pas, qui aime tant s'échapper de la Cour et retrouver une amie chez les «petits Italiens» de Covent Garden ou de Knightbridge.

De leurs périples à travers le vaste monde, Charles et Diana ont ramené des plats exotiques qu'ils intègrent par petites touches à leur alimentation quotidienne. Comme tous les Britanniques, ils sont les rois de l'intégration, c'est leur secret pour maintenir de façon inégalable la tradition. Car la tradition, ne l'oublions jamais, reste le maître mot de cette famille très fin de siècle. Et le prince Charles lui-même, qui n'aime rien tant que le passé, peut vous expliquer comment faire du pain perdu. Certains esprits chagrins ne pourront s'empêcher de susurrer que c'est le genre de recette qui convient bien à sa pingrerie légendaire, il n'empêche que lorsqu'il décrit son dessert favori, il ne pleure ni le beurre ni les raisins secs. Et s'il oublie de mentionner les œufs, c'est simplement parce qu'il est distrait.

Bien qu'ils adorent cela, le prince et sa princesse dînent rarement en tête à tête. On retrouvera donc dans ce livre des recettes pour deux, quatre, six, huit et même douze convives et si, pour Noël, le cuisinier de Buckingham est obligé de préparer des Christmas puddings pour soixante personnes, nous en avons réduit les proportions.

Il paraît que chaque dimanche matin la reine mère, seule femme d'Angleterre à pouvoir rivaliser de popularité avec Diana, fait déployer devant elle la presse du week-end en disant : « Bon, maintenant voyons un peu ce qu'ils disent sur nous. » Madame, ce livre vous est dédié et soyez sûre que dans cinquante ans « ils » parleront encore d'une Queen Mum qui aura nom Diana.

M.P.C.

Printemps

IL ÉTAIT UNE FOIS, dans la campagne anglaise, une petite fille aux grands yeux bleus, un peu triste, un peu seule et qui aimait beaucoup les lapins...

Son père, futur héritier d'une grande famille britannique, avait épousé à trente-deux ans une ravissante jeune fille qui n'en avait que dix-huit et qui s'appelait Frances. Le jour de leur mariage, Frances fit une sortie radieuse au bras de son mari à Westminster Abbey, la plus belle église de Londres. Parmi les 1 500 invités, on comptait la reine et le prince consort, la reine mère et beaucoup de princes et de princesses, de ducs et de duchesses. Ce fut donc une journée royale.

Le lord et sa jeune épouse voulurent très vite beaucoup d'enfants, surtout un garçon : un héritier mâle. Le premier fut une fille, ils l'appelèrent Sarah, elle eut la reine mère pour marraine. Deux ans plus tard naquit Jane, encore une fille ; Frances qui n'avait vraiment pas de chance finit par accoucher d'un petit garçon mais qui mourut aussitôt. Décidée envers et contre tout à satisfaire les désirs de son mari, elle récidiva : et c'est ainsi que le 1er juillet 1961 arriva à Park House un nourrisson

« en pleine forme » selon les dires de son père. On était tellement sûr que ce serait un mâle qu'on n'avait même pas choisi de prénom féminin. Et ce troisième enfant finit par s'appeler Diana. Le désappointement fut tel qu'on ne se donna pas la peine, cette fois, de convoquer fées ou parrains royaux au chevet du berceau. Ce n'est pas ce qui traumatisa la pitchounette, l'avenir nous a montré qu'elle sut prendre sa revanche.

Comme ses sœurs, Diana fut élevée dans l'aile de la maison réservée aux enfants, c'est-à-dire loin de ses parents. Une nurse lui apprenait les bonnes manières et elle avait toute la place du monde pour étaler sa solitude : ses sœurs allant déjà à l'école, il lui restait trois chambres pour elle toute seule : une salle de jeux, une salle de bains et une petite cuisine, en un mot la nurserie. Son père partait souvent à la chasse et sa très jolie maman, sans désemparer tentait toujours de fabriquer un fils. Elle finit par réussir et mettre au monde un petit Charles. La reine Elizabeth II devint sa marraine et l'on fêta l'événement de façon grandiose. La petite Diana avait désormais un frère à pouponner, le papa son fameux héritier mâle. Tout était pour le mieux dans le meilleur des mondes. Las, très peu de temps plus tard, Diana, la petite fille aux yeux bleus vit partir sa maman de la belle maison familiale. Les enfants ne comprennent jamais très bien les drames qui peuvent se passer entre grandes personnes. Elle ne vit qu'une chose : sa maman s'en allait. Tous les journaux du royaume parlaient du scandale. De quel droit pouvait-on quitter un mari aussi riche pour un monsieur plus jeune et avenant ? La maman de Diana fut mise au ban de la société britannique et rejetée par sa propre mère, dame d'honneur à la Cour. La petite fille fut mise en pension, bien sûr elle continua de jouer et de sourire mais de ce petit sourire penché qui semble demander s'il a droit de percer. Diana qui ne parle jamais

Consommé profiteroles

(Pour 8 personnes)
1 kg de plat de côtes de bœuf - 1 oignon - 2 carottes - 1 poireau - 4 branches de céleri - 1 bouquet de persil - sel et poivre

Dans un faitout déposer la viande, les légumes coupés en morceaux, le bouquet de persil, sel et poivre, couvrir d'eau froide. Amener doucement à ébullition et laisser mijoter 3 heures. Écumer régulièrement en cours de cuisson. Laisser refroidir. Clarifier le bouillon en retirant la graisse qui s'est formée à la surface. Retirer la viande et les légumes. Passer le bouillon à travers une mousseline. Réchauffer doucement le bouillon et servir en tasses. On peut ajouter un peu de xérès. Ajouter 2 à 3 profiteroles par tasse.

Profiteroles

75 g de farine - 1/2 cuillerée à café de sel - 1/8 litre d'eau (1/2 verre) - 60 g de beurre - 2 œufs - 25 g de parmesan

Mélanger la farine et le sel. Dans une casserole à fond épais mettre l'eau et le beurre coupé en petits cubes. Faire fondre puis bouillir à feu assez fort. Quand le beurre est complètement fondu, baisser le feu, verser la farine salée et le fromage et mélanger énergiquement avec une cuillère en bois. Continuer jusqu'à ce que la pâte soit ferme et se détache des bords très proprement. Hors du feu casser un œuf dans la pâte et tourner jusqu'à ce qu'il soit bien incorporé. Recommencer l'opération avec le deuxième œuf. La pâte est prête. Placer une feuille de papier sulfurisé légèrement beurrée sur la plaque du four. Avec un pochoir ou une petite cuillère disposer les noix de pâte. Mettre à four chaud (190°) jusqu'à ce que les petits choux soient bien dorés.

Ce consommé profiteroles fut servi à Charles et Diana au palais impérial de Tokyo le 13 mai 1986 lors d'un dîner offert par l'empereur du Japon.

de cet épisode dramatique de sa vie s'en souvient toujours. Désormais, elle couve les enfants, ils représentent pour elle ce qui existe de plus fragile au monde. Elle voudrait les protéger. Tous.

Cette année, le printemps prend son temps. Comme souvent en Angleterre, mars est frileux, gris et bougon. Il fait froid à Londres ce matin. 6 h 30. Dans leur chambre princière, Diana et Charles au fond de leur vaste lit de 2,40 m en chêne dégustent déjà, elle son café noir sans sucre, lui son premier jus d'oranges. Petite cérémonie du « early tea », thé de la première heure. Tandis que Charles écoute son émission favorite sur le jardinage à la radio, Diana relit le programme de sa journée. Elle se doit de savoir point par point qui elle va rencontrer, connaître dans le détail les activités du centre, de l'hôpital ou de l'école qu'elle visitera, apprendre par cœur le nom des gens, leur hobby et même le nom de leurs enfants.

Par les grandes fenêtres encadrées de rideaux de chintz fleuri, on aperçoit les arbres du parc. 7 heures. Le valet de chambre apporte le plateau du petit déjeuner tout simple, sans bacon ni œufs frits. Les plantureux breakfasts ne sont pas de mise chez les Wales. D'innombrables programmes télévisés et des articles de journaux font peu à peu découvrir à la Grande-Bretagne que les œufs au plat nageant dans l'huile et le lard sont parfaitement indigestes. Donc, Diana croque ses toasts à la marme-

Salade tiède de canard

(Pour 4 personnes)
1 canard ou 2 cuisses de confit de canard - 50 g de noix hachées - 3 endives - 1 bonne poignée de mâche - 1 morceau de poitrine fumée - 3 cuillerées à soupe d'huile de noix - 1 cuillerée à soupe de jus de citron - sel et poivre

Faire revenir le canard dans une sauteuse sans ajouter de graisse. Quand il est bien doré le mettre à four chaud (210°, thermostat 7) dans un plat à gratin pendant 3/4 d'heure. Si on utilise les confits de canard, les retirer de leur graisse et les faire doucement réchauffer en sauteuse.
Pendant que le canard cuit, couper les endives en angles, c'est plus joli, laver la mâche et bien retirer les radicelles. Faire revenir la poitrine coupée en petits lardons dans la sauteuse où a doré le canard.
Pour le canard comme pour le confit, retirer la peau et couper la viande en lamelles. Conserver ces lamelles au chaud jusqu'au moment de servir. Préparer la vinaigrette avec l'huile de noix, le jus de citron, le sel et le poivre. Tout mélanger dans un grand saladier et servir.

lade et se régale d'un verre de lait. Charles préfère les céréales au miel et un second jus d'oranges. Il ne boit jamais ni café ni thé. William et Harry accourent dans la pièce pour imposer un câlin matinal. William saute sur le lit comme sur un trampoline, il ne sait pas rester trois minutes en place. Ses parents l'ont surnommé « Wombat » — nom d'un marsupial australien aux pattes ravageuses — ce dernier surnom a remplacé le « Will » des débuts. Harry est beaucoup plus calme, c'est un tendre celui-là et qui ressemble de plus en plus à son père au fur et à mesure qu'il grandit. Tandis que le prince se rase et prend son bain, Diana et les deux enfants s'octroient encore un quart d'heure douillet.

La princesse adore ces matins-cocons, sa petite famille autour d'elle. Pour préserver ces instants, elle n'accorde jamais de rendez-vous avant 10 h 30. Il va pourtant falloir se lever. William doit partir pour l'école et ses parents au travail. Le travail de Charles et Diana consiste à aller aujourd'hui féliciter les employés de la firme Jaguar pour le bon travail qu'ils ont fait. Autour d'eux, à Kensington Palace, tout le monde est sur le pont. Un brouillard givrant a cloué sur place l'hélicoptère qui devait emmener le couple à Coventry, siège de l'usine Jaguar. Il faut réorganiser le voyage à la dernière minute, et c'est par le train de 10 h 40 que le prince et la princesse de Galles arriveront à bon port. On aura simplement ajouté un wagon de première classe à leur intention en tête du convoi.

Effervescence à la gare de Coventry. Le « Royal Pack » (une centaine de photographes et journalistes ainsi surnommés parce qu'en chasse permanente derrière le couple princier) est déjà là, qui questionnant, qui reniflant, qui cherchant la meilleure place pour poser son escabeau et obtenir la super-photo. Les habitants ont compris et s'agglutinent aux guichets. La serveuse

Salade mixte au yaourt

(Pour 4 personnes)
2 yaourts - 8 feuilles de romaine - 2 pommes rouges - 4 branches de céleri - 3 carottes râpées - 2 oranges - 1 poignée de raisins épépinés - 50 g d'amandes grillées - sel et poivre

Mélanger le sel et le poivre aux yaourts. Laver et couper la salade en morceaux, couper, retirer les pépins des pommes mais garder la peau. Râper les carottes et ajouter un trait de citron. Peler les oranges à vif et les couper en segments. Épépiner les grains de raisin. Faire rôtir les amandes. Mélanger ensemble tous les ingrédients et rajouter par-dessus les 2 yaourts battus.

La princesse Diana a toujours été la reine de la salade et utilisait souvent cette recette quand elle était célibataire, à Londres.

Mosaïque de homard et tomates aux fines herbes

(Pour 3/4 personnes)
1 queue de homard - 2 tomates - 1 vinaigrette au citron avec une grosse cuillerée de fines herbes hachées (persil, ciboulette, cerfeuil) - quelques radis

Plonger les tomates quelques secondes (10) dans l'eau bouillante, puis rapidement sous l'eau froide. Peler, épépiner, concasser les tomates. Couper la chair du homard en petites tranches. Arranger en alternance les morceaux de homard et de tomate autour d'un plat. Verser la vinaigrette et décorer de petits radis découpés en fleurs.

du café ferme son comptoir : elle ne veut ni rater l'événement, ni qu'on lui chaparde ses Smarties. Tout le monde trépigne autant de froid que d'impatience.

Montant de la foule, un seul soupir : « La voilà », et le train entre en gare. Pile à l'heure, ce qui est rare, à la fois de la part de la Compagnie des Trains royaux et de la princesse. Elle est toujours en retard sauf lorsque Charles est du voyage. C'est elle la première que l'on aperçoit du bout du quai : « Elle est en bleu, elle est en bleu », s'extasie la foule. Bleu-violet, bleu-flashy et un rigolo petit chapeau rond avec voilette et aigrette (Charles adore).

Le pantalon tire-bouchonnant, la joue couperosée, Charles d'Angleterre marche devant, tout seul comme s'il était pressé. C'est une histoire de protocole : le prince d'abord, les autres ensuite. Du coup, Diana fait encore plus figure de vedette, entourée de sa dame de compagnie — une poule d'eau en noir et blanc —, des gardes du corps, des secrétaires, attachés de presse, etc. Petit sourire à la foule en délire, petit sourire au « Royal Pack ». En voiture et c'est fini. La limousine a glissé à travers la haie de fans.

L'apparition a duré une minute et demie, elle va nourrir les conversations pendant deux jours. Demain les journaux titreront : « Diana à Coventry », pleine page. « Elle est si mince ! » commentent déjà et pour la cent cinquantième fois deux commères rondelettes sur la place de la gare. « Elle est bien pâle »... « Serait-elle encore enceinte ? » Diana est surtout pâle à cause de son trac, sa perpétuelle peur de n'être pas parfaite. Elle supporte mal de déclamer le plus petit discours en public et malgré son calme et ses sourires, la foule l'impressionne toujours autant. Elle n'est vraiment à l'aise qu'avec les enfants. Du coup la Cour l'a spécialisée dans les visites d'écoles, jardins d'enfants,

Mousse de saumon

(Pour 4 à 6 personnes)
1/2 livre de saumon (poché 3 minutes dans l'eau bouillante salée) - 1 cuillerée à soupe de beurre - 1 cuillerée à soupe de farine - 1/4 litre de lait - 12 cl de crème fraîche - 1 cuillerée à café ou 1/2 sachet de gélatine en poudre - 2 cuillerées à soupe de jus de citron - 1 cuillerée à soupe d'eau - 50 g de crevettes hachées - 1/2 bol de mayonnaise - petites branches d'aneth

Préparer la mayonnaise.
Préparer la béchamel : faire fondre le beurre dans une casserole à fond épais. Verser la farine, tourner sur feu doux avec une cuillère en bois. Ajouter peu à peu le lait sans cesser de tourner jusqu'à l'obtention d'une sauce épaisse et lisse. Saler, poivrer. Laisser refroidir. Dans une petite casserole verser l'eau, le jus de citron, la gélatine. Faire dissoudre sur feu doux sans cesser de remuer. Écraser le saumon poché à la fourchette ou au mixer. Ajouter au saumon la béchamel, la gélatine, les crevettes hachées et la crème fraîche fouettée. Verser dans un moule légèrement huilé. Mettre au réfrigérateur une nuit. Démouler et décorer avec des petites branches d'aneth.

communautés de jeunes handicapés, hôpitaux pour enfants malades...

Elle y fait merveille, devient bavarde, embrasse l'un, cajole l'autre, admire un dessin, pouponne un bébé avec un naturel qui sidère l'entourage. Régulièrement la visite est allongée de trois quarts d'heure au grand dam du service de sécurité. Et chaque fois la princesse rentre chez elle épuisée : « Elle arrive dans le salon, retire ses chaussures et s'effondre dans un fauteuil, vidée, explique l'une de ses femmes de chambre. Elle ne dit pas un mot et reste là une heure durant sans bouger, une tasse de thé Earl Grey à la main. Elle n'en peut littéralement plus. » Mais ce soir, pas question de s'effondrer. Il est 18 heures et tout le monde s'embarque pour Highgrove. Highgrove, une vraie maison de gentleman farmer, à une heure de Londres dans le Gloucestershire, l'endroit qu'avait choisi Charles peu avant son mariage, alors qu'il venait de vendre sa propriété du Kent. Au fil des ans, Di et son mari en ont fait la maison du bonheur.

La tête toujours un peu dans les nuages, Charles n'avait sans doute pas prévu, à l'époque, les remous qu'entraînerait autour de leur domaine l'immense popularité de sa femme. Highgrove n'était pas ce que l'on peut appeler un petit nid bien caché. A cinq minutes de voiture de l'autoroute, traversée par un chemin public, la propriété était quasiment ouverte à tous les curieux et Dieu sait qu'il n'en manque pas.

La première fois que Charles a fait visiter Highgrove à Diana, ils étaient tout juste fiancés et la maison était vide : sans moquette ni rideaux et quelques meubles abandonnés dans les coins. Ils se réfugièrent dans le salon où brûlait un bon feu de bois où l'on avait rapidement installé deux fauteuils, un canapé,

Tarte aux épinards

(Pour 4 à 6 personnes)
175 g de farine - 1 pincée de sel - 150 g de beurre - 3 cuillerées à soupe d'eau gazeuse - 250 g d'épinards hachés - 2 œufs - 15 cl de lait - 1 bonne pincée de noix muscade - 50 g de fromage râpé - 2 oignons - sel et poivre

Mélanger la farine avec 75 g de beurre ramolli jusqu'à ce que le mélange fasse miettes. Ajouter l'eau gazeuse et le sel et faire une boule. Laisser reposer une heure au réfrigérateur. Abaisser la pâte sur le plan de travail légèrement fariné. Étaler la pâte dans un moule beurré légèrement fariné. Piquer avec une fourchette. Couvrir avec une feuille d'aluminium. Disposer dessus une bonne poignée de pois chiches pour empêcher la pâte de lever. Mettre à four préchauffé pendant 20 minutes environ. Pendant ce temps-là, faire fondre le reste de beurre dans une casserole à fond épais et sur feu doux, laisser cuire les oignons hachés jusqu'à transparence. Hors du feu, ajouter les épinards ébouillantés, hachés et essorés, les œufs, le lait, la noix muscade, le sel et le poivre.
Verser le mélange dans la pâte précuite. Saupoudrer de fromage râpé. Remettre au four 1/2 heure. Servir tiède avec une belle salade verte.

trois tapis et deux lampes. On raconte que lorsqu'elle découvrit Highgrove, Diana fit la moue, qu'elle aurait paraît-il préféré une demeure plus « royale » et qu'elle passa son week-end à bouder. Rumeur probablement fausse. Les Anglais estimant la propriété de Charles trop modeste pour leur prince, ils ont prêté à Diana leurs propres frustrations. Au printemps 81, la petite fiancée de l'Angleterre était tellement amoureuse de Charles qu'elle a dû au contraire beaucoup apprécier l'escapade, enfin loin du protocole.

Charles est un homme modéré. Il a horreur de tout ce qui est mégalomaniaque. En choisissant Highgrove, il montrait sa préférence pour une maison de 36 pièces plutôt que pour son ancien domaine du Kent qui en comptait 115. Acheté huit millions de francs, ce qui est un prix correct pour 140 hectares de terre, Highgrove entouré de superbes terrains de chasse est à dix minutes d'un terrain de polo, à 12 kilomètres de chez la princesse Anne et tous les anciens amis de Charles ont une maison de campagne dans les environs. On compte dans le Gloucestershire la plus grande concentration de lords et de ladies au mètre carré.

Le décorateur sud-africain Duddley Poplack fut chargé de redessiner Highgrove... Diana sur les talons surveillant chaque détail de l'installation. La maison restée vide plusieurs années leur donna du pain sur la planche. On refit entièrement l'électricité, la plomberie, les parquets. En aménageant son territoire, Diana voulait prouver à Charles qu'elle serait à la hauteur de son rôle de princesse. Elle avait déjà fait de la décoration et notamment dans son appartement londonien à Coleherne Court. Elle s'était amusée à peindre les murs du séjour en jaune et avait tapissé les murs de la salle de bains de papier à cerises. Décorer la maison d'un futur roi relevait d'une autre gageure.

Terrine de truite fumée

(Pour 4 personnes)
350 g de truite fumée - 30 cl de crème fraîche - sauce de radis noir ou radis noir râpé - le jus d'1 citron - sel et poivre

Retirer la peau et les arêtes des truites fumées. Émietter puis écraser la chair avec une fourchette, mélanger avec le jus de citron puis la crème fraîche fouettée. Saler, poivrer. Ajouter un peu de sauce de radis noir ou du radis noir râpé selon les goûts. Verser en terrine et mettre au réfrigérateur une nuit. Servir avec des toasts de pain complet.

Charles, grand amateur de pêche à la truite, allait souvent pêcher dans la propriété de son oncle Lord Mountbatten. Le premier jour de son voyage de noces qui débuta chez Lord Mountbatten, il n'hésita pas à laisser Diana seule à Broadlands pour aller tranquillement pratiquer son sport favori.

Certes Diana ne découvrait pas la vie de château, loin de là. La propriété de son père fait en superficie cinq fois celle de Highgrove. Mais Diana n'avait jamais été auparavant maîtresse de maison.

Pour Highgrove, elle se dépensa sans compter. Pendant ses fiançailles, elle faisait la navette entre Londres et le Gloucestershire plusieurs fois par semaine. A peine revenus de leur croisière sur le *Britannia*, et alors que leur lune de miel se poursuivait en Écosse à Balmoral, plus d'une fois, Diana laissa Charles à sa pêche au saumon pour suivre les travaux d'Highgrove. Consciencieusement, elle prenait des notes, découpait les échantillons de tissus, de moquettes, emportait des catalogues de peinture, reprenait l'avion pour réfléchir tranquillement à la question. Née le 1er juillet sous le signe du Cancer, si Diana n'avait pas été princesse, peut-être aurait-elle été une maman-confitures, et aurait-elle mis de la cretonne aux fenêtres et des petits napperons partout. En plus, elle est perfectionniste. Elle sait exactement ce qu'elle veut, quand elle veut, où elle veut et peut faire refaire les choses jusqu'à ce qu'elles soient précisément ce qu'elle avait en tête. Elle-même avoua à l'une de ses amies : « Il y a une chambre pour laquelle j'ai changé six fois d'avis et ce n'est pas encore ce que je voulais. »

Pour sa maison, Diana a donc choisi des couleurs tendres et une facture classique. Les murs de l'entrée ont été tendus de tissu rose pour faire ressortir à la fois son joli teint et le bel escalier d'honneur sur le parquet de bois blond ciré. Dans le salon d'apparat aux tonalités vertes, elle a encadré les portes-fenêtres qui donnent sur le jardin d'épais rideaux à franges.

Parquet ciré là aussi pour ajouter à la chaleur de la grande cheminée. Salle à manger, bureau de Charles et salon de musique complètent le rez-de-chaussée.

Délices de soles à l'estragon

(Pour 4 personnes)
4 soles dont on aura levé les filets (demandez à votre poissonnier) - 4 rondelles d'oignon - 1 poignée de feuilles d'estragon - 1 noix de beurre - 2 jaunes d'œufs - 1 verre d'eau - 1 verre de vin blanc - sel et poivre

Beurrer un plat à gratin. Enrouler les filets sur eux-mêmes et les disposer dans le plat. Déposer les rondelles d'oignon. Saler, poivrer. Couvrir les poissons avec l'eau et le vin blanc. Couvrir le plat avec une feuille de papier sulfurisé et mettre à four préchauffé à 180° pendant 10 minutes.
Sortir les filets et les mettre en attente sur le plat de service chaud. Verser le jus de cuisson dans une casserole. Amener doucement à ébullition en ayant rajouté les trois quarts de l'estragon haché. Laisser réduire un peu. Lorsqu'il reste juste assez de sauce pour couvrir les poissons dans le plat, ajouter deux jaunes d'œufs au jus, hors du feu, et fouetter jusqu'à l'obtention d'une sauce légère. Verser la sauce sur les filets de soles et décorer avec les quelques feuilles d'estragon restantes.

Ces soles furent servies à Charles et Diana au cours d'un déjeuner offert par le Lord Maire de Londres en novembre 1981 peu après l'annonce de la grossesse de Diana. Dans son discours de bienvenue, le Lord Maire de Londres déclara que « les bébés étaient des poussières d'étoile tombées de la main de Dieu ». C'est le couple princier qui avait décidé du menu.

Au premier et au deuxième étage, neuf chambres, et six salles de bains, sans compter l'aile des enfants : deux chambres, une salle de jeux, une salle de bains et un studio pour Mrs Barnes, la gouvernante, qui vient de quitter les Wales. Diana avait fait peindre sur les murs de la salle de jeux tous les petits personnages de contes de fées dans un esprit très romantique. Les travaux finis, elle a trouvé les frises trop gnangnan et elle a tout fait refaire.

Elle s'est amusée à décorer chaque chambre d'amis dans un esprit différent. L'une d'entre elles, par exemple, est typiquement écossaise, tendue de tissu Harris Tweed (à 70 F le mètre) en souvenir de sa lune de miel à Balmoral. Dans leur chambre, un immense lit à baldaquin aux mesures préférées de Charles (2,40 m), offert en cadeau de mariage par le corps diplomatique. Lits et chambres sont affaires importantes dans la vie des couples princiers. Charles et Diana sont les premiers dans l'histoire de la famille royale à partager leur chambre et même leur lit. Pour leur croisière sur le *Britannia*, Charles avait fait installer son grand lit de Buckingham Palace sur le yacht. Les Américains auraient dû s'en souvenir qui leur préparèrent deux chambres distinctes lors de leur voyage aux États-Unis. Peu discrets par-dessus le marché : les chambres en question furent montrées à la presse et dûment photographiées. « Manque de tact », commentèrent les Anglais.

Reste qu'à Highgrove, il manque des chambres pour loger tous les employés nécessaires à la bonne marche de la maison quand le couple princier y demeure. Certains valets sont obligés de loger à l'hôtel de Titbury, le village voisin.

Les critiques de mode des journaux anglais se sont beaucoup étonnés du choix de Diana pour son linge de maison : tout blanc. Pourtant une fois de plus, c'est elle qui a raison. Les fleurettes

Petits pains de saumon

(Pour 6 personnes)
1/2 livre de saumon frais poché (3 minutes dans l'eau bouillante salée) - 1/2 livre de pommes de terre - 1 œuf - 1 cuillerée à soupe de persil haché - 1 cuillerée à café de ciboulette hachée - 3 cuillerées à soupe de chapelure - sel et poivre - quelques gouttes de sauce Worcester - 1 cuillerée à soupe de beurre et 1 cuillerée à soupe d'huile pour faire revenir les petits pains

Faire cuire les pommes de terre. Les éplucher, les écraser avec le saumon poché, l'œuf, les herbes, la chapelure, le sel et le poivre, la sauce Worcester. Bien mélanger et former des petits pains individuels. Faire dorer en sauteuse dans l'huile et le beurre chaud.

Bien que ces petits pains de saumon soient généralement servis au petit déjeuner en Angleterre, ils sont également délicieux au déjeuner sur un lit d'épinards frais.

ont fait leur temps en matière de draps et imaginer un futur roi d'Angleterre dans des semis roses et vert pâle, n'était-ce point braver le ridicule ? C'est l'Industrie cotonnière d'Irlande du Nord qui, par tradition, fournit le linge des jeunes mariés royaux. Consigne fut donc passée pour la liste de mariage. Diana et Charles ont ainsi reçu en cadeaux serviettes de toilette blanches à festons de satin, serviettes en nid-d'abeilles, napperons de dentelle, serviettes de table et nappes damassées, plus de trente paires de draps brodés à leur chiffre avec taies d'oreiller assorties. Tout ce beau linge les suivra leur vie entière. De très bonne qualité et, contrairement au point de vue des critiques, d'un goût parfaitement classique, il est très à la mode. Le linge de maison de Diana ne date pas comme à Buckingham Palace de la reine Victoria. Il est peut-être moins historique mais il est moins rapiécé.

Dans ses réaménagements multiples, Diana n'a oublié ni la piscine ni la cuisine. Le rapprochement peut paraître audacieux, il n'est que logique. En découvrant la célébrité, Diana a découvert son corps. Elle se doit d'être belle, mince et en pleine forme par tous les temps, sous toutes les latitudes. Danse et natation d'un côté, cuisine légère de l'autre. Grâce à quoi elle peut faire entrer son mètre soixante-dix-huit dans n'importe quel petit tailleur taille 38. La piscine fut, elle aussi, offerte en cadeau de mariage par les « p'tits gars » de l'armée et non par les services secrets comme de méchantes langues françaises l'ont laissé entendre... La somme totale des cadeaux de mariage a été évaluée grosso modo à plus de 110 millions de nos francs.

La cuisine est vaste et fonctionnelle. Toute en teintes claires. On y a conservé l'atmosphère des cuisines anciennes en y installant le confort moderne. Charles déteste les cuisines que son père Philip a fait réaménager à Sandringham et qui res-

Poulet minceur

(Pour 4 personnes)
1 poulet d'1 kg - 1 livre de veau haché - 3 cuillerées à soupe de cresson haché - 3 cuillerées à soupe de persil haché - 2 cuillerées à soupe de ciboulette - 1 cuillerée à soupe de livèche (ou feuilles de céleri) hachée - 8 petits champignons de Paris hachés - 2 œufs - 1 cuillerée 1/2 à café de sel - 1/2 cuillerée à café de poivre blanc

Pour la sauce :

Le jus d'un citron et son zeste rapé - 1 cuillerée de miel - 1 verre de vin blanc - 1 petit oignon finement émincé - 2 cuillerées à soupe de beurre

Désosser le poulet. Avec un couteau pointu bien effilé, ouvrir la cage thoracique par le milieu. Décoler soigneusement les chairs tout autour. Trancher les articulations des cuisses et des ailes. Dégager la cage thoracique. Inciser le haut des cuisses et dégager l'os des cuisses. Conserver les pilons intacts. Mettre le poulet désossé mais entier au réfrigérateur.
Préparer la farce. Faire fondre les oignons dans le beurre et les mélanger à tous les autres ingrédients hachés sans oublier les œufs qui feront liaison. Farcir le poulet, corps et cuisses. Recoudre. Mettre à four préchauffé 200° (thermostat 6) dans un plat à gratin. Laisser rôtir 3/4 d'heure.
Étaler alors au pinceau une bonne cuillerée de miel dissoute dans le jus de citron. Remettre au four 1/4 d'heure. Poser le poulet sur un plat de service chaud. Dans une casserole verser le jus de cuisson, ajouter un verre de vin blanc et le zeste de citron. Faire réduire de moitié, verser un peu de jus sur le poulet, le reste en saucière.

semblent à un laboratoire de chimie. A Highgrove, on trouve tout de même micro-onde, machine à laver la vaisselle, four à chaleur tournante et plus de cent placards de rangement. Il ne manque pas une étagère dans l'arrière-cuisine, ni un moule à gâteau... en cuivre évidemment. C'est Mrs Nesta Whiteland qui tenait les fourneaux jusqu'à l'hiver dernier, encore que Diana n'ait jamais hésité à mettre la main à la pâte de temps en temps pour réaliser un soufflé au fromage. Mais cela n'empêche pas les Wales de venir en week-end toujours accompagnés de leur chef de cuisine de Kensington. Le style de vie à Highgrove est avant tout familial et sans prétention. Les amis intimes sont aussi les cousins, les frères, les sœurs. Fergie, la désormais princesse d'York, lady Sarah, la fille de Margaret, Jane et Sarah, les sœurs de Diana sont aussi ses amies les plus proches. Pour ce qui est des potins, Di peut compter sur elles. Elles ne diront mot à la presse. Camilla Parker-Bowles qui elle aussi possède une propriété à deux pas d'Highgrove était l'une des deux confidentes de Charles avant son mariage. C'est dans son parc, et plus précisément dit-on dans un champ de choux verts, que pour la première fois Charles aurait levé un œil intéressé sur Diana Spencer. Ingrate, Diana raya un jour d'un trait rageur le nom de Camilla sur la liste des intimes, avec celui de Dale Tyron, l'autre amie de Charles. Elle venait de se marier et elle était encore peu sûre d'elle-même. Trois ans plus tard, elle faisait amende honorable ; grande dame, elle alla voir Dale dans sa boutique de chiffons londonienne. Et Kanga (surnom que Charles avait donné à Dale) rentra dans le cercle très fermé qui entoure les Wales.

Le parc et les jardins d'Highgrove sont magnifiques. Ce sont les terrains de prédilection de Charles. Il y passe le plus clair de son temps libre quand il n'est pas sur un terrain de polo

Noisettes de veau au citron

(Pour 4 personnes)
12 petits médaillons de veau pris dans le filet - 2 cuillerées à soupe de beurre - sel et poivre - 1 cuillerée à soupe de fines herbes hachées (persil, ciboulette, cerfeuil) - jus de citron

Assaisonner les médaillons avec le sel et le poivre et les faire revenir dans le beurre afin qu'ils dorent des deux côtés. Laisser cuire encore quelques minutes à feu doux et réserver les médaillons sur un plat de service chaud. Dans la sauteuse de cuisson, ajouter les fines herbes, le citron, bien mélanger au jus de cuisson et verser sur la viande. Servir avec des haricots verts, de jeunes carottes et des pommes de terre nouvelles.

ou à la pêche. Lorsqu'il l'acheta, la propriété ouverte à tous les vents était visible de tous et personne ne se priva, ni passants ni journalistes, de camper face à la maison pour surveiller tout à son aise les allées et venues de la princesse. Une résidence fut mise en vente juste en face d'Highgrove. Abandonnée depuis plusieurs années, en piteux état, elle ne valait pas grand-chose. Le notaire, malin, lança des enchères. Le prix de la maison grimpa au quadruple de sa valeur... Les nouveaux propriétaires disent l'avoir acquise pour des raisons sentimentales. Mais il est toujours chic dans un dîner mondain d'annoncer qu'on est le voisin le plus proche du prince de Galles.

Pour protéger sa vie privée, Charles a donc fait planter arbres et haies tout autour du parc. Passée la grille de fer forgé, offerte par les villageois de Titbury, on traverse l'allée centrale bordée de champs de fleurs sauvages. Une idée de Charles, ces fleurs sauvages. Il tient à préserver tout ce qui tend à disparaître ; sa couronne comme les fleurs des champs. Sur la pelouse qui entoure la demeure badinent les chevaux et quelques poneys parfois dérangés par l'hélicoptère princier. C'est un des moyens de transport favori des Wales pour aller d'un bout à l'autre du pays. Charles est très souvent aux commandes, de même qu'il pilote lui-même l'avion qui les emmène skier en Suisse. Un grand cèdre du Liban bicentenaire ombre avec panache et élégance l'herbe verte parsemée de pâquerettes. Caché par un haut mur de pierre le jardin de Charles révèle des ambitions secrètes. Au départ il avait dessiné un plan compliqué formé de massifs en C et en D (pour Charles et Diana). Malheureusement c'était trop de travail et il aurait fallu des années avant que l'on puisse admirer les deux lettres du haut d'un avion. Charles dut se rabattre sur des projets plus simples. Il laissa donc tomber

Selle d'agneau Victoria

(Pour 10 personnes)
1 selle d'agneau de 3 kg 1/2 environ - 2 verres de vin blanc - sel et poivre

Mettre la selle d'agneau dans un plat à four et faire rôtir à four chaud (200°) en comptant 20 minutes par livre. Au bout d'1/4 d'heure de cuisson baisser la chaleur à 150°. 1/2 heure avant la fin de la cuisson saler et poivrer la selle. Lorsque le temps de cuisson est terminé mettre la selle sur un plat de service et remettre dans le four éteint. Pendant ce temps-là clarifier le jus de cuisson en retirant la graisse. Ajouter le vin au jus et laisser cuire à feu doux cinq minutes en tournant. Servir en saucière.
Servir à part une petite réduction d'oignons hachés fondus dans du beurre et confits dans un peu de jus de cuisson.

La selle d'agneau est servie à Windsor le dimanche de Pâques.

les symboles C et D pour d'autres plus faciles à réaliser : la croix de Saint-André servit de base de départ. Chaque branche est subdivisée en croix plus petites. Une fontaine au centre pour le bruit de l'eau, des rosiers en arceaux qui poétisent les allées et, se mêlant aux roses, les clématites bleues et les wistérias jaunes. Dans le verger, de jeunes pommiers taillés en corbeille « formeront d'ici une dizaine d'années un magnifique jardin d'agrément », selon Charles lui-même. Tout au long du mur qui enclôt le jardin, Charles a fait planter des buissons d'églantiers. « Quand nous sommes arrivés à Highgrove, il ne restait plus grand-chose mis à part un potager et le cèdre du Liban. Pour moi ce fut une chance. J'ai pu créer mon jardin selon mes goûts et mes envies. Si j'étais arrivé dans un endroit déjà installé, arrangé, je risquais de tout abîmer en y ajoutant mon grain de sel. Je crois être tombé amoureux d'Highgrove en partie parce que tout était à faire. »

Pour la première fois de sa vie, sans doute, Charles a pu régner et donner libre cours à certaines de ses idées, celles qui concernent le jardinage. Pour lui qui passe sa vie à marcher sur des œufs — s'il ose donner une opinion personnelle en public on lui reproche aussitôt de faire de la politique et d'empiéter sur le terrain gouvernemental —, pour lui qui se demande toujours où est son champs d'action, pour lui qui aime tout ce qui est beau « la beauté donne aux choses leur civilité », défricher ce jardin était le meilleur moyen de se réaliser. « Pour notre mariage, le Women's Institute nous a offert un jardin d'herbes aromatiques, une formidable idée de cadeau, et la Fruiterer's Company des arbres fruitiers. » Un terrain, des cadeaux à planter et voilà ce qui poussa Charles au jardinage. Pour tout apprendre, il alla même à deux reprises faire des stages dans des fermes d'amis, il en revint ravi et des cals aux mains.

Agneau de printemps aux herbes

(Pour 4 à 6 personnes)
1 épaule dégraissée ou un filet d'agneau de 1 kg 200 - 1/2 livre de jeunes carottes - 1/2 livre d'oignons de printemps - 1/2 livre de pois gourmands - 8 petits navets - 3 cuillerées à soupe de beurre - 1 cuillerée à soupe rase de sucre en poudre - 1 bon verre de vin blanc - 1 verre d'eau - 1 cuillerée à café de thym, de marjolaine, de cerfeuil - 1 cuillerée à soupe de persil haché - sel et poivre

Couper l'agneau en gros dés. Faire fondre le beurre dans une sauteuse et faire dorer les morceaux de viande, poignée par poignée. Réserver la viande au chaud en ayant soin qu'elle ne cuise pas davantage. Jeter les oignons dans la sauteuse, saupoudrer de sucre et faire dorer les oignons. Ajouter alors l'eau et le vin blanc. Porter à ébullition.
Ajouter la viande et les herbes. Saler, poivrer. Laisser mijoter 10 minutes puis ajouter carottes, pois gourmands et navets. Mijoter encore 10 minutes et servir, les légumes légèrement craquants.

C'est avec son cuisinier Mervyn Wycherley que Charles discute de ce genre de plat. Plus il y a d'herbes et de légumes de son jardin, plus il est content.

N'oublions pas le potager. Vieux paysans au fond de l'âme, tous les membres de la famille royale aiment manger les fruits et les légumes de leurs terres. Quand ils en ont trop, ils les vendent au public. Ainsi, à partir du mois d'octobre on peut aller cueillir des pommes à Windsor, chez la reine. On paie à la sortie selon sa récolte et le poids du panier. Charles plus qu'aucun autre aime à manger ce qu'il a fait pousser. « C'est vraiment depuis que j'ai un jardin à moi que je m'intéresse d'aussi près aux légumes et aux herbes aromatiques. C'est fou ce qu'il y a à glaner à leur propos. » Charles s'est acheté moult livres de jardinage, d'agriculture, d'horticulture et découvre au fil des pages les vieilles recettes, les coutumes anciennes, tout ce qu'adore un historien amateur. Il a appris depuis peu que l'on pouvait faire de délicieuses soupes avec des orties. « Je n'ai pas encore essayé, mais j'y viendrai. » Car il adore les soupes, les soupes froides en particulier. « J'essaie en ce moment de faire pousser des choux de toutes les couleurs. Ils sont tombés en désuétude, ils reviennent à la mode dans mon jardin. » Pour l'aider, car bien sûr Charles ne passe pas sa vie à biner, il a engagé un jardinier pour Highgrove : Dennis Brown.

Néanmoins, Charles ne se contente pas de couper les roses en fleur, il arrache les mauvaises herbes plus souvent qu'à son tour. « C'est une très bonne forme de thérapie. » Toujours à refaire, les mauvaises herbes ayant tendance à pousser trois fois plus vite que les autres et puis on ne pense à rien d'autre. « En ce qui concerne mon jardin, j'ai un peu la folie des grandeurs. Je passe mon temps à dessiner de nouveaux plans, j'ai plein d'idées en tête, c'est toujours un peu plus difficile à réaliser qu'à concevoir. »

C'est en réalisant une de ses idées chères que Charles s'est un jour coupé le doigt assez profondément. Il s'est retrouvé à

Hachis parmentier

(Pour 4 personnes)
350 g de rosbif froid - 2 oignons émincés - 5 cuillerées à soupe de jus de viande - 1 cuillerée à soupe de concentré de tomates - quelques gouttes de sauce Worcester - 1 cuillerée à soupe de persil haché, marjolaine et thym - 1 livre de purée de pommes de terre - 1 œuf battu - 2 cuillerées à soupe de beurre - sel et poivre

Faire revenir les oignons dans le beurre (on peut, pour plus de légèreté, faire un mélange moitié huile, moitié beurre) et les faire dorer. Rajouter le rosbif haché, le jus de viande, le concentré de tomates, la sauce Worcestershire, les herbes, sel, poivre et bien mélanger. Dans un plat à gratin beurré, placer le mélange. Couvrir avec la purée battue à l'œuf. Déposer des petits morceaux de beurre sur le dessus et mettre au four préchauffé à 200° 1/2 heure environ.

Diana en bon Cancer aime beaucoup les plats de l'enfance et toute la famille mange régulièrement le « shepherd's pie », équivalent de notre hachis parmentier. On retrouve également dans tous les pubs d'Angleterre cette vieille recette traditionnelle qui se faisait à l'origine avec les restes du rosbif dominical et que l'on mangeait donc le lundi.

l'hôpital voisin, avec tous les apprentis jardiniers et bricoleurs du dimanche. Le doigt coupé de Charles fit évidemment la Une des journaux britanniques et on en parla dans le monde entier. Ce qui ne l'a absolument pas détourné des petites plantes. « Je leur parle », reconnaît-il sans honte, « d'une certaine manière, ce sont un peu mes enfants ».

Après cinq ans de travaux incessants, le jardin et le parc de Charles ont pris belle allure. Partout, derrière un arbre ou un massif, il s'est réservé des coins tranquilles où il peut lire et dessiner. Cet homme s'intéresse à tout : l'histoire de la Grande-Bretagne et celle du monde, la philosophie, les grandes religions, l'ésotérisme, les médecines douces, la peinture et le dessin. Il est même allé faire un saut en Italie pour se perfectionner dans l'art du motif. On l'a vu au Japon installer son chevalet dans un parc. Malheureusement jusqu'à présent le public n'a jamais pu admirer son coup de crayon. Il se trouve mauvais. Mais peut-être qu'un jour, poussé par les uns et les autres, il ouvrira une exposition au profit d'une de ses œuvres de charité.

Pendant que Charles s'emploie à ce que le reste de la famille royale appelle dédaigneusement « ses activités intellectuelles », Diana plonge dans la piscine et apprend aux enfants à nager. Elle les emmène se promener sur leurs petits poneys, bien qu'ils aient déjà un professeur d'équitation Mrs Marion Cox, dûment appointée.

La princesse joue aussi avec le lapin de William. Diana petite fille avait toujours un animal familier qu'elle avait le droit de garder dans sa chambre de pensionnaire. Pour Diana, les journées passent vite à Highgrove. D'abord le petit déjeuner qu'elle prend toujours en famille avec les enfants et Charles déjà revenu de sa visite au jardin. Il a eu le temps de laisser dans la ver-

Pâtes vertes à la crème

(Pour 4 personnes)
1 livre de pâtes fraîches aux épinards - 2 cuillerées à soupe de beurre - 4 cuillerées à soupe de fromage râpé - 4 cuillerées à soupe de crème fraîche - 2 jaunes d'œufs - sel et poivre

Faire cuire les pâtes dans une grande casserole d'eau bouillante avec une cuillerée à soupe d'huile. Laisser gonfler 3 minutes. Retirer du feu. Égoutter les pâtes. Les réserver dans un plat chaud. Mélanger rapidement ensemble les jaunes d'œufs, la crème fraîche et le sel. Mélanger aux pâtes. Donner un bon tour de moulin à poivre. Servir immédiatement. Avec le fromage râpé en petits bols à part.

Diana qui va très souvent déjeuner au restaurant, choisit la plupart du temps les « petits Italiens ». Elle est tout à fait capable de commander un plat de pâtes en entrée puis un plat de pâtes en plat principal. Qui pourrait dire après cela qu'elle est anorexique ?

rière, dans l'établi ou au pied d'un arbre des petites notes écrites pour le jardinier qui, lui, arrive plus tard. Diana décide ensuite, et avec les conseils de son mari, du déjeuner de midi. Après sa gymnastique et quelques brasses dans la piscine chauffée, elle peut très bien décider de courir les antiquaires du voisinage, accompagnée parfois d'une amie et toujours de son garde du corps. Elle aime aussi jouer du piano mais réserve pour les jours pluvieux l'art de la broderie qu'elle a tellement pratiqué auprès de la reine mère lors de ses fiançailles. Amoureuse des fleurs au moins autant que son mari, quand le public lui offre des bouquets, elle fourre délicieusement son nez dedans, Diana ne se prive pas d'aller choisir parmi les centaines de tulipes et de narcisses dont Charles a parsemé Highgrove pour fabriquer de somptueuses décorations dans ses salons. Gageons qu'il y aura beaucoup de bouquets jaunes, Diana adore cette couleur soleil. Parfois, s'il n'y a pas de rendez-vous impératif, on prolonge le week-end à la propriété. Mais le plus souvent, Charles doit repartir dès le matin en hélicoptère bientôt rejoint par Diana et les enfants. Car on a beau dire que la famille royale bénéficie de beaucoup de temps libre, Charles a répondu présent à 370 obligations en 85 et Diana à près de 300... Sans parler des dîners et autres parties privées, ni des voyages à l'étranger, ces fameux « Royal Tours » qui déplacent souvent plus de foule que le pape.

Crème brûlée

(Pour 4 personnes)
30 cl de crème fraîche - 2 cuillerées à soupe de sucre en poudre - 3 jaunes d'œufs - quelques gouttes d'essence de vanille - 1 cuillerée à soupe de sucre brun

Réchauffer doucement la crème fraîche puis la laisser refroidir à la température de la pièce. Battre les jaunes d'œufs avec l'essence de vanille et le sucre en poudre jusqu'à l'obtention d'un ruban. Mélanger à la crème fraîche. Verser dans 4 moules individuels. Déposer les moules dans un bain-marie et les faire cuire au four préchauffé à 170° (thermostat 3) pendant 3/4 d'heure. Retirer du four. Chauffer le gril. Saupoudrer les crèmes de sucre brun et passer au gril pour faire caraméliser. Laisser refroidir puis rafraîchir au réfrigérateur avant de servir.

Petits pots au chocolat

(Pour 4 personnes)
175 g de chocolat à cuire - 4 œufs - 1 cuillerée à soupe de cognac - 2 cuillerées à soupe de café fort

Casser le chocolat en petits morceaux et le faire fondre au bain-marie avec le café. Mélanger à la cuillère en bois jusqu'à obtenir une pâte lisse. Laisser refroidir. Séparer les œufs. Monter les blancs en neige. Un à un ajouter les jaunes au chocolat en remuant toujours avec la cuillère en bois. Rajouter le cognac. Remuer. Verser les blancs en neige et incorporer en soulevant la masse à la spatule. Verser en petits pots et laisser reposer 12 heures au réfrigérateur.

Pour préparer un voyage en terre étrangère, même s'il s'agit d'un pays du Commonwealth on envoie d'abord des émissaires. Ils sont chargés du repérage, un peu comme pour le tournage d'un film, car c'est bien d'un super-show qu'il s'agit. Cette tâche extrêmement délicate — il ne faut froisser personne ni d'un côté ni de l'autre — est réservée à John Riddell, secrétaire privé de Charles. Il est accompagné d'un chargé de protocole et très souvent de Anne Beckwith-Smith, la dame d'honneur préférée de Diana. Quand on reçoit le prince et la princesse de Galles chez soi, on tient d'abord à leur faire honneur mais surtout à se faire valoir en les montrant partout, leur fantastique popularité retombant peu ou prou sur les gouvernants en place, elle fait remonter leurs sondages. J. Riddell et Anne Beckwith-Smith ont donc pour première mission d'éviter au couple un emploi du temps trop chargé. Ils doivent aussi et avec le plus grand tact possible expliquer aux intéressés comment se comporter, s'adresser à Leurs Majestés royales. Ils doivent essayer, si faire se peut, d'organiser parmi les 150 obligations un match de polo récréatif pour Charles, etc. Après quoi, ils rentrent à Kensington faire leur rapport. L'ordinateur installé depuis 1984 avale toutes les informations et dresse un premier plan de bataille. Ce n'est qu'un brouillon, il sera remanié des dizaines de fois.

Un « Royal Tour » est un tel carnaval qu'il occupe plus de 40 personnes à plein temps. Tout commence un an plus tôt, au grand dam de Charles qui trouve très déprimant de connaître à une demi-heure près son emploi du temps aussi longtemps à l'avance. Chaque détail du voyage doit être connu, contrôlé pour des raisons de sécurité, de protocole, de diplomatie et de bien-être du couple princier. La fausse note est interdite. Un

Soufflé à l'orange à la sauce au chocolat

(Pour 6 personnes)
1 orange - 2 morceaux de sucre - 1 cuillerée à soupe de beurre - 3 cuillerées à soupe de sucre en poudre - 15 cl de lait - 5 œufs - 1 cuillerée à café rase de fécule de pomme de terre - 1 pincée de sel - 1 cuillerée à café d'essence de vanille - 1 petit verre de cointreau

Frotter les morceaux de sucre contre l'orange pour en extraire l'essence. Écraser les morceaux de sucre. Râper le zeste de l'orange. Beurrer un moule à soufflé puis l'enduire avec le sucre écrasé et le zeste d'orange. Dans une casserole à fond épais mélanger le lait, la fécule dissoute dans un peu de lait et la vanille sans cesser de battre au fouet sur feu doux jusqu'à l'obtention d'une crème onctueuse. Ajouter deux cuillerées de sucre en poudre et faire cuire à petits bouillons encore une minute. Retirer du feu, rajouter 4 jaunes d'œufs et battre vigoureusement en ajoutant 1 cuillerée de beurre et le cointreau.
Monter en neige 5 blancs d'œufs avec une pincée de sel. Saupoudrer avec la cuillerée de sucre en poudre restante. Mixer. Mélanger peu à peu et très délicatement les blancs à la crème refroidie. Verser dans le moule à soufflé en laissant 5 cm libres pour que le soufflé puisse monter sans dommage. Mettre à four préchauffé à 180°. Laisser cuire 1/2 heure et servir immédiatement avec la sauce au chocolat.

Sauce au chocolat

250 g de chocolat à cuire - 1/4 de litre d'eau - 150 g de sucre - 2 cuillerées à soupe de crème fraîche - quelques gouttes d'essence de vanille

Dissoudre le sucre dans l'eau. Ajouter la vanille. Faire fondre le chocolat au bain-marie ou au four à micro-ondes. Ajouter l'eau sucrée en mélangeant au fouet jusqu'à l'obtention d'une sauce bien lisse. Hors du feu ajouter la crème fraîche. Servir en saucière chaude.

exemple : pour chacun des banquets que présideront Charles et Diana, on envoie du pays hôte quatre menus différents. A eux de choisir celui qu'ils préfèrent. Pour le voyage de la reine Élizabeth en Chine à l'automne 86, il y eut un formidable branle-bas de combat, d'incessants allers et retours de télex entre Buckingham et les autorités chinoises pour une simple question d'heure de dîner. Télex de Chine vers Londres : « Mercredi 18 heures, dîner avec... », télex Buckingham-Chine : « Dîner 18 heures impossible, Sa Majesté ne mange jamais avant 19 heures. Donc dîner mercredi 19 heures. » Réponse des Chinois : « Chez nous on mange à 18 heures. Dîner mercredi à 19 heures impossible »... et ainsi de suite jusqu'à ce que tout le monde se mette d'accord sur 18 h 30.

Quand arrive enfin l'heure de faire les paquets, on sort les malles des placards. Elles sont très belles et dûment étiquetées : étiquettes rouges pour Charles, jaunes pour Diana. Pendant ce temps-là Diana s'occupe de ses toilettes. Chapitre épineux qui la ferait parfois pleurer de rage tant on l'attend au tournant. Si elle apparaît aux portes de l'avion avec un tailleur déjà porté, c'est mal vu, elle snobe ses hôtes en quelque sorte. Si elle débarque avec une nouvelle tenue on se dépêche de dire qu'elle a encore profité de ce voyage pour dépenser inconsidérément l'argent de la couronne pour des chiffons.

Au vu de toutes ces critiques, Diana passe effectivement beaucoup de temps à mettre au point sa garde-robe de voyage. Elle a beau clamer dans chaque interview télévisée que la mode est le cadet de ses soucis, il faut du neuf à chaque fois, c'est évident. Les fleuves d'encre qui ont coulé à propos de son amour pour les frous-frous ont sans doute culpabilisé Diana qui tient tant à être parfaite et à n'offusquer personne. C'est dommage. Pour une fois la famille royale peut se targuer d'avoir une très

Cheese cake (gâteau au fromage)

(Pour 6 personnes)
225 g de biscuits « digestive » - 125 g de beurre - 600 g de fromage blanc très égoutté - 2 cuillerées à soupe de crème fraîche - 6 cuillerées à soupe de sucre en poudre - 2 jaunes d'œufs - 4 blancs d'œufs - 1 citron (son jus et son zeste)

Ramollir le beurre. Écraser les biscuits en miettes. Les mélanger au beurre. Presser le mélange dans un moule à tarte ou un moule à manqué et mettre au four (200° thermostat 6) 10 minutes.
Battre ensemble au fouet ou au mixer le fromage, le sucre, les jaunes d'œufs, le jus de citron et son zeste jusqu'à obtenir une belle crème bien lisse. Battre les blancs en neige et les rajouter délicatement à la crème de fromage. Verser le mélange sur le fond de tarte et mettre au four 25 minutes. Laisser refroidir.
Laisser reposer ensuite une heure au réfrigérateur. On peut recouvrir ce délicieux gâteau de cerises au sirop (sans leur sirop), mélangées dans deux cuillerées de gelée de cassis.

Charles et Diana commandent régulièrement ce *cheese cake* lorsqu'ils sont à Vienne mais il est également très populaire en Angleterre. On trouve les biscuits « digestive » dans tous les supermarchés de Londres et dans les rayons spécialisés en France.

belle fille dans ses rangs. Pour une fois, les couturiers anglais ont sous la main un mannequin exceptionnel à qui ils peuvent mettre littéralement n'importe quoi sur le dos. Pour une fois, l'industrie textile, l'industrie lainière, l'industrie peaussière, etc., se retrouvent, sans même le vouloir avec une VRP dont elles n'auraient pu rêver. Qu'ont-ils tous à pinailler : « Combien dépense-t-elle ? » — « C'est toujours trop » — ou au contraire : « Et ce chapeau ! Elle l'a encore eu à l'œil. » Diana devrait être décorée de la Croix de guerre pour faits d'armes et de l'ordre de la Jarretière pour bons, loyaux et royaux services rendus à l'État.

Un mètre 78 et une taille 38, c'est formidable mais cela ne suffit pas pour devenir un top-model. Diana aligne en plus une insensée paire de jambes. « Elle les tient de moi », se plaît à souligner sa mère. Et tout le monde se souvient de la célèbre anecdote : peu avant l'annonce de ses fiançailles, photographiée à contre-jour dans une jupe de cotonnade passablement baba-cool, Diana fit scandale en dévoilant ses jambes au pays et au reste de la planète. Mais elle avait un tel air de bébé maladroit, flanquée de deux gamins du jardin d'enfants que la Grande-Bretagne émue par tant d'innocence pardonna et que Charles sourit : « Je savais que tu avais des jambes ravissantes. J'aurais aimé rester le seul à le savoir. » Jambes mises à part, Diana peut également se flatter de son port de reine et de son superbe dos de nageuse aux épaules carrées. Ajoutés à cela, une peau fine, un teint clair et une très belle qualité de cheveux. Que demander de plus ? Un sourire ? Elle n'arrête pas. Physiquement, elle n'a qu'un seul défaut : elle se ronge encore les ongles. Dieu sait qu'elle n'a pas manqué de conseils ni de recettes de bonne femme pour corriger ou camoufler ces injures au bout des doigts. Elle semble préférer rester naturelle. Il est vrai que si l'on découvrait un jour qu'elle se colle des faux ongles...

Flan aux bananes

(Pour 6 personnes)
250 g de farine - 1/2 livre de beurre - 1 pincée de sel - 100 g de sucre en poudre - 2 jaunes d'œufs - un peu d'eau gazeuse si nécessaire - 6 à 8 bananes bien mûres, selon leur taille - 250 ml de crème fraîche - le jus et le zeste de 2 oranges - quelques gouttes d'essence de vanille

Mélanger ensemble la farine et le beurre ramolli jusqu'à ce que la pâte s'effrite. Ajouter le sel, le sucre en poudre et les jaunes d'œufs. Bien mélanger en rajoutant, si nécessaire, un peu d'eau gazeuse de manière à ce que la pâte forme boule. Mettre la pâte recouverte d'un film de plastique dans le réfrigérateur. La laisser reposer une heure. Étaler la pâte sur la table de travail légèrement farinée. La déposer dans un plat à tarte beurré et légèrement fariné. Piquer le fond à la fourchette. Couvrir le fond d'une feuille de papier aluminium et couvrir de pois chiches pour empêcher la pâte de gonfler pendant la cuisson. Mettre à four préchauffé à 180° pour 20 minutes. Pendant ce temps préparer le flan : fouetter la crème fraîche. Ajouter le jus d'oranges et le zeste râpé et quelques gouttes de vanille. Quand la tarte est cuite, retirer les pois, l'aluminium et remplir la tarte avec la crème fouettée. Rajouter dessus les tranches de bananes en rangs serrés. Badigeonner à la sauce d'abricots.

Sauce d'abricots

100 g de confiture d'abricots - 1 cuillerée à café de citron mélangée à une cuillerée à soupe d'eau

Dans une petite casserole à fond épais mélanger sur feu doux la confiture, le jus de citron et l'eau. Laisser cuire 10 minutes en remuant.

Bref quand Diana part en voyage, elle appelle ses couturiers à la rescousse. Arrivent séance tenante dans les salons de Kensington, Bruce Oldfield qui est pratiquement devenu un ami de la princesse ou les Emanuel, créateurs de sa robe de mariée, tombés un temps en disgrâce puis à nouveau à l'honneur. Diane ne semble plus leur tenir rigueur de l'impossible manteau à carreaux verts qu'ils lui avaient taillé comme une robe de chambre pour son voyage en Italie. En France au XVIIe siècle on a vu un cuisinier se suicider pour une sauce manquée. En Angleterre les Emanuel se portent très bien et sont en grande partie responsables des tenues que Diana a portées pour sa tournée en Arabie Saoudite. Cette fois-ci ils ont quelques excuses dans leur boîte à couture puisque les pays arabes soumettent une femme, aussi royale soit-elle, à de terribles contraintes, n'est-ce pas ?

C'est vrai que pour habiller Diana il faut respecter un quota de règles rigides. « Je veux du pratique », répète-t-elle à l'envi. Si le pratique peut être beau, c'est parfait. Alors d'abord, pas de jupes trop courtes. « Dès que je me baisse j'ai 15 gosses derrière moi pour regarder sous mes jupons. » Règle numéro deux : pas de tenues extravagantes. On pourrait épiloguer sur l'expression, quelque peu subjective. De toute façon, Diana n'y déroge jamais.

Elle s'offre parfois quelques fantaisies comme sa très belle robe longue en lamé argent toute plissée découvrant le dos, un chef-d'œuvre de Bruce Oldfield. Il lui faut des couleurs franches s'il vous plaît, voire franchement éclatantes. C'est un must royal, on doit pouvoir dès le premier coup d'œil repérer un membre de la famille du reste de la foule. Problème du chapeau : il doit tenir sur la tête. « Le vent est mon principal ennemi », il ne doit pas être trop grand ni cacher une partie

Tarte aux abricots et aux amandes

(Pour 6 personnes) - 200 g de farine - 125 g de beurre - 4 cuillerées à soupe d'amandes en poudre - 3 cuillerées à soupe de sucre en poudre - 1 jaune d'œuf - 2 cuillerées à soupe d'eau gazeuse glacée - 1 grande boîte d'abricots - 1 bonne poignée d'amandes pelées - 300 ml de crème fraîche - 1 cuillerée à café d'essence de vanille - 1 cuillerée à café d'alcool d'abricots - 1 cuillerée à café de sucre en poudre

Mélanger ensemble farine et beurre ramolli à température ambiante. La pâte ne formera pas boule, c'est normal. Ajouter les amandes en poudre et le sucre. Mélanger le jaune d'œuf avec l'eau gazeuse glacée. Ajouter à la pâte, puis l'étaler sur une planche enfarinée. Placer la pâte dans le plat à tarte, piquer à la fourchette et laisser reposer une heure au réfrigérateur. Couvrir la pâte avec une feuille d'aluminium sur laquelle on aura placé des pois chiches ou des haricots secs pour empêcher la pâte de gonfler à la cuisson. Mettre à four moyen (180°) pendant 20 minutes. Retirer alors la feuille d'aluminium et les pois et remettre au four encore 10 minutes. Pendant ce temps, fouetter ensemble crème fraîche et sucre en poudre, essence de vanille et alcool d'abricots. Étaler le mélange sur la pâte à tarte qui aura été préalablement refroidie, c'est très important. Égoutter les abricots, les arranger sur la crème avec les amandes pelées. Brosser délicatement le tout avec un pinceau trempé dans une sauce d'abricots. Pour la sauce, mélanger sur feu doux 100 g de confiture d'abricots, 1 petite cuillerée de jus de citron, 1 petite cuillerée d'eau.

du visage, la moitié des spectateurs seraient frustrés. Pour les raisons évoquées plus haut, ne pas oublier le jupon ou la combinaison. Les souliers seront à talons plats, la princesse ne doit jamais dépasser son prince en quelque occasion que ce soit, or Charles ne fait que deux centimètres de plus qu'elle. Diana a envoyé valser les gants protocolaires par-dessus les moulins. Elle n'en porte que dans de très rares occasions. Conclusion elle se fait serrer la main (nue) en chuchotant doucement : « Ne serrez pas trop fort, je vous en prie. » Sur les recommandations de Charles, elle prend le soir venu des bains de mains dans de l'eau salée. On reconnaît bien là le pragmatisme cher aux Britanniques.

Le nombre de malles qu'emporte la meilleure ambassadrice du Royaume-Uni est variable mais toujours considéré comme énorme par la critique. Encore un mauvais procès. Que dire de la reine Élizabeth qui ne se déplace jamais sans sa théière, sa bouilloire, son thé ni son eau minérale *Malvern Water* pour les maux d'estomac, ses sucres *Barley* pour les nausées, sa boîte à pilules homéopathiques, sa bouillotte et son oreiller de plumes. En voyage, Diana doit souvent se changer trois fois par jour : « Je ne peux quand même pas me promener avec une peau de léopard sur le dos », a-t-elle répondu, agacée, à un journaliste qui pour la énième fois remettait sur le tapis l'épineux sujet de sa garde-robe.

Enfin les voilà partis. Sans enfants désormais mais pas tout seuls pour autant. On compte dans l'avion royal en plus de l'équipage de bord une vingtaine de personnes dont le secrétaire privé de Charles, le secrétaire de Diana, les écuyers, les attachés de presse, la dame de compagnie, le coiffeur, le majordome et les valets, les gardes du corps et le manager de polo, Mr. Ferguson. Tout le monde s'installe. Les parcours peuvent

Charlotte Malakoff

(Pour 6 personnes)
40 biscuits à la cuillère - 250 g d'amandes hachées - 250 g de sucre en poudre - 1 sachet de sucre à la vanille - 250 g de beurre ramolli - 300 g de crème fraîche - 1 verre de cointreau - 1 verre d'eau - 1/2 litre de crème anglaise

Dans une assiette creuse mélanger l'eau et le cointreau. Tremper rapidement les biscuits à la cuillère et en tapisser le fond et le pourtour du moule à charlotte. Mélanger le beurre et le sucre jusqu'à ce que le mélange fasse ruban. Ajouter les amandes hachées. Monter la crème fraîche en chantilly en ajoutant le sucre vanillé. Mélanger doucement beurre sucré et chantilly. Verser la mixture dans le gâteau et recouvrir avec les biscuits restants. Laisser prendre au réfrigérateur.

Crème anglaise

1/4 litre de lait vanillé - 150 g de sucre - 8 œufs

Battre ensemble les œufs et le sucre jusqu'à ce que le mélange devienne jaune pâle. Ajouter le lait bouillant. Bien remuer hors du feu. Puis remettre à feu doux et remuer encore jusqu'à ce que la crème soit sur le point de bouillir. Passer la crème au chinois et servir très froid.

être longs, 25 heures de vol pour Tokyo, par exemple, Diana s'est donc habillée confortablement d'un pantalon et d'une chemise à carreaux aux manches retroussées, c'est encore le printemps. L'atmosphère est chaleureuse. Chacun vérifie qu'il n'a rien oublié, on distribue au couple royal une petite tonne de dossiers et autres paperasses explicatives sur leur prochain meeting ; qui sera là et pourquoi, ce qui leur sera servi à déjeuner, au dîner ou au cocktail, lequel se tient parfois comme à Fidji carrément sur le terrain d'atterrissage lors d'une escale technique.

C'est un peu du genre : « On passait au-dessus de chez vous, on n'avait plus de fuel, on a vu de la lumière... on s'est posé, mais on est pressé. » Une heure avant l'arrivée Diana va se refaire une beauté, c'est-à-dire qu'elle prend une douche, se lave les cheveux, se fait coiffer par son dernier coiffeur en titre, Richard Dalton et s'habille de pied en cap. On comprend ainsi comment elle arrive à sortir d'un avion toujours tirée à quatre épingles quand la commune des mortelles mise dans la même situation ressemble à une serpillière mal essorée. L'avion freine dans un crissement de pneus puis roule doucement sur la piste. Dans la cabine, Diana fait les cent pas, poings serrés. Les moteurs s'arrêtent. La porte s'ouvre. « C'est à nous », murmure la princesse-star. Le show peut commencer.

Mousse au chocolat et à l'orange

(Pour 6 personnes)
200 g de chocolat noir - 3 œufs entiers - 2 jaunes d'œufs - 1/2 litre d'eau - 5 cuillerées à soupe de sucre en poudre - 1/2 sachet de gélatine en poudre - 1 orange (le jus et le zeste) - 60 cl de crème fraîche

Mélanger au bain-marie les 3 œufs entiers, les 2 jaunes, le sucre et le zeste d'orange jusqu'à l'obtention d'une pâte épaisse. Dans un autre bain-marie, mélanger l'eau et le chocolat. Dissoudre le 1/2 sachet de gélatine avec le jus de l'orange sur feu doux. Quand la gélatine est refroidie mélanger tout ensemble. Monter la crème fraîche en chantilly et la rajouter délicatement au mélange œuf-chocolat-orange. Verser dans de jolis verres à pied. Décorer avec des zestes d'orange confits. Mettre au réfrigérateur 2 heures au minimum.

Délices au cognac

(Pour 4 personnes)
250 g de crème fraîche - 2 cuillerées à soupe de sucre en poudre - 1/2 sachet de gélatine en poudre - 2 cuillerées à soupe de cognac - 2 cuillerées à soupe de xérès - 1 cuillerée à soupe de poudre d'amandes

A feu doux, dissoudre la gélatine avec un peu d'eau sans arrêter de tourner. Fouetter la crème fraîche en chantilly et peu à peu ajouter le sucre en poudre, puis les alcools puis la poudre d'amandes. Ajouter la gélatine refroidie et remplir des ramequins individuels. Laisser au réfrigérateur deux heures au minimum.
Servir avec des langues de chat.

Eté

Ascot, la plus jolie fête du cheval, dépassera toujours en panache le Grand Prix de l'Arc de Triomphe, le Prix d'Amérique ou la Breeder's Cup. Simplement parce que, à Ascot, la royauté est là, entraînant dans son sillage toute la gentry écossaise, irlandaise, galloise et anglaise. Propriété de la reine, Ascot ouvre l'été, et les chevaux ont de la chance : il y fait souvent beau, alors que, bizarrement, il pleut pour le tournoi de Wimbledon. Pour l'occasion, la famille royale réintègre Windsor ; le château est à deux kilomètres du terrain de courses, on va de l'un à l'autre en calèche, ce qui donne d'emblée le ton aux événements. Le prince Charles et le duc d'Édimbourg se retrouvent enfin sur un de leurs rares points communs : ils détestent l'habit mais sont obligés de s'y soumettre — habits et hauts-de-forme sans lesquels il n'y aurait plus d'Ascot. Les dames et les ladies rivalisent de chapeaux empanachés. La palme revient souvent à la reine mère qui trouve le moyen de n'être pas ridicule sous ses chapeaux fleuris. Si Diana porte une robe à pois, comme par magie on voit fleurir plein d'autres robes à pois sur les pelouses avec variation de tailles et de couleurs.

Chaque année, 35 000 personnes se rendent à Ascot. La fête dure quatre jours, le plus prisé étant celui du Lady Day, le « Jour des Dames ». On n'entre pas à Ascot comme dans un moulin et l'on retient ses places avant le 30 avril, si l'on a ses habitudes. Les nouveaux venus doivent s'inscrire dès février et se faire parrainer par un gentleman ou une lady ayant au minimum huit ans d'ancienneté au « club ».

La reine reçoit dans sa loge et il est toujours très bien vu de s'y faire photographier. Charles et son père, qui préfèrent nettement monter sur les chevaux que les voir caracoler, s'éclipsent souvent, mais ni la reine ni sa mère ne manqueraient une seule course. Toutes deux y ont des chevaux, toutes deux jouent et souvent gagnent. C'est l'un des rares moments où l'on peut voir Elizabeth II se départir de son sang-froid et de ses airs sérieux. Elle hurle comme n'importe quel autre parieur, encourage ses cavaliers et rit aux éclats lorsque l'un d'entre eux arrive le premier au poteau. Diana, enchantée, retrouve ses amis, passe d'une loge à l'autre et revient gentiment goûter avec la famille. Les lunchs d'Ascot sont grandioses. On pique-nique au champagne sur les pelouses, on y déguste du homard, mais on ne déjeune plus dans la loge royale. Dès la semaine suivante tout le monde a droit à sa photo en couleurs sur papier glacé dans les journaux à potins que la famille royale fait fructifier par ses seules apparitions. Les journalistes s'empressent d'expliquer à longueur de colonnes qui était là et avec quel chapeau. On oublie un peu le cheval gagnant, mais ce n'est pas grave ; à Ascot le spectacle est dans la foule.

Une semaine plus tard, c'est l'anniversaire de Diana. 1er juillet, mois des fleurs, des fêtes et des vacances. Une date

Soupe à l'oseille de Charles

(Pour 4 personnes)
1 livre de tomates pelées, épépinées, concassées - 1 bouquet d'oseille - 1 litre de bouillon de poulet (2 cubes de bouillon concentré dissous dans l'eau tiède) - 2 morceaux de sucre - sel et poivre - 1 gousse d'ail (que Charles ne mettra pas)

Plonger les tomates deux par deux dans l'eau bouillante salée. Compter 10 secondes. Retirer. Plonger dans l'eau froide. Les tomates s'épluchent sans problème. Retirer les pépins. Couper grossièrement les tomates (concasser). Dans une casserole pleine de bouillon de poulet ajouter les tomates, le sel, le poivre, les morceaux de sucre et la gousse d'ail écrasée si vous l'utilisez (c'est bien meilleur). Laisser cuire à feu doux 10 minutes en tournant de temps en temps avec une cuillère en bois. Hacher menu les feuilles d'oseille lavées et essorées dans un linge. Donner un tour de bouillon. Servir chaud ou froid.

Charles, grand amateur de soupes de légumes, fait pousser de l'oseille, plante qui lui sied par son côté discret, dans ses jardins d'Highgrove. Il aime à manger cette soupe froide. Ses couleurs rouge et verte lui rappelleront celles du pays dont il est le prince : le pays de Galles.

que Charles ne peut pas oublier... même s'il le voulait. Depuis plusieurs jours déjà, cartes de vœux et cadeaux de fans arrivent par wagons à Kensington Palace. Beaucoup de fleurs, des bonbons, des lettres et des dessins d'enfants. Il sera répondu à tous ceux qui n'ont pas négligé de joindre leur adresse. Charles n'a que l'embarras du choix. Il sait ce qu'aime sa femme. Il adore glisser des boucles d'oreilles sous son oreiller ou lui offrir un chemisier de soie *not made in England* et qu'elle ne portera donc que pour lui. En public, Diana s'astreint à ne montrer que des vêtements anglais pour promouvoir les ventes.

Le 1er juillet 1983, le prince et sa princesse n'étaient pas chez eux mais dans l'avion qui les ramenait du Canada en Angleterre. Charles, malin, se débrouilla quand même. Pour le dessert, Diana eut droit à un gâteau tout simple. Il ne portait qu'une inscription : « I love you ». La princesse avait vingt-trois ans ce jour-là. Deux ans de mariage, un enfant et une popularité qui dépassait tous les pronostics. Au Canada, les foules avaient été encore plus denses et plus déchaînées que lors du passage des Beatles cinq jours auparavant. Diana était désormais une star confirmée. Que de chemin parcouru en si peu de temps, on se pose et se repose toujours la même question : comment a-t-elle fait, comment parvient-elle à garder la presse en haleine, comment a-t-elle pu évoluer aussi vite, aussi bien, sans jamais s'offrir la moindre dépression nerveuse, en étant toujours parfaite quelle que soit l'occasion ?

Qui aurait pu parier sur l'avenir de Diana Spencer, petite jeune fille de la haute société certes, mais peu brillante ? Deux « *o* » *levels* à son actif (même pas un bac), un vague séjour en Suisse écourté pour manque d'adaptation, des petits boulots de fille au pair, peu d'enthousiasme pour les mondanités. Qui était Diana avant que Charles ne la découvre ? Une Sloane Rangers

Soupe au cresson de Diana

(Recette pour 3 personnes)
25 g de beurre - 25 g de fécule de pomme de terre - 1/2 l de bouillon de poulet - 2 bottes de cresson - 250 ml de crème fleurette - sel et poivre

Faire fondre le beurre dans une casserole à fond épais et sur feu doux. Rajouter la fécule dissoute dans une petite tasse d'eau froide et laisser cuire doucement deux minutes tout en remuant avec une cuillère en bois. Rajouter peu à peu le bouillon de poulet tout en continuant de tourner jusqu'à ce que la sauce épaississe. Rajouter le cresson lavé à l'eau froide. Laisser cuire tout doucement pendant 20 minutes environ tout en remuant le mélange de temps en temps. Retirer du feu et laisser refroidir à température ambiante. Verser dans le bol à mixer et mixer jusqu'à ce que toutes les feuilles soient hachées. Passer au chinois. Rajouter la crème fleurette, rectifier l'assaisonnement. Couvrir le récipient et laisser refroidir au réfrigérateur. On peut décorer cette soupe froide avec des feuilles de cresson blanchies rapidement à l'eau bouillante.

Charles et Diana, grands supporters de l'association de Bob Geldof, Live Aid, ont assisté en juillet 85 au concert de Wembley. Food Aid, qui est rattaché à Live Aid, a publié un livre de cuisine pour collecter, une fois de plus, de l'argent pour le tiers-monde. Dans ce livre, stars, acteurs, hommes politiques, écrivains donnaient chacun leur recette. Diana offrit la « soupe au cresson ».

comme on dit à Londres, une BCBG, une gamine qui n'osait danser que seule, enfermée dans une pièce, une adolescente protégée par sa mère. Diana n'achetait jamais ses robes sans elle. Dans le petit appartement qu'elle partageait avec trois amies on recevait de temps en temps, on organisait des petits dîners entre copains. Sitôt avalée la dernière bouchée de dessert, Diana était debout, rangeait tout, faisait la vaisselle seule dans la cuisine pendant que les autres continuaient de rire et de bavarder dans le séjour. Diana ? Une petite-bourgeoise en somme. Mais une petite-bourgeoise qui téléphonait de temps en temps à la maman du petit garçon qu'elle gardait : « Je suis désolée, madame, je ne pourrai pas venir ce soir, je dois aller chez la reine. » Une petite-bourgeoise à qui un journaliste demanda : « Vous êtes impressionnée quand vous êtes en présence de la famille royale ? » Elle lui répondit tout à trac : « Non, pourquoi ? » Depuis l'enfance, Diana a vécu à cheval entre deux mondes : l'autobus, le métro, les hamburgers du coin, mais le prince Andrew, enfant, venait jouer dans sa piscine, mais la reine l'invitait à ses soirées, mais sa grand-mère était la dame d'honneur de la reine mère. Et tous ces décalages expliquent peut-être pourquoi elle est aussi à l'aise à Ascot que face à un mineur. C'est son charme premier, cette aisance qu'elle déploie au milieu de parfaits inconnus. Elle a d'autres tours dans son sac. On ne l'a que trop répété, elle n'a jamais fait d'étincelles à l'école mais elle décrocha chaque année le prix de camaraderie. Diana depuis toujours est tournée vers les autres et plus spécialement vers les « petits » : les petites gens, les petits enfants, les désarmés. Elle s'intéresse à eux pour de bon, sans condescendance, parce qu'elle sait sans doute au plus profond d'elle-même ce que « désarmé » veut dire. Sensible à l'extrême, voulant toujours faire bien les choses, elle n'a jamais pu s'empêcher de lire ce que la presse écrivait sur son compte,

Consommé froid au citron

(Pour 4 personnes)
1/2 poulet - 2 carottes - 1 oignon - 1 poireau - sel et poivre - le jus de 2 citrons - 2 jaunes d'œufs - 150 ml fromage blanc à 0 % - 1 bouquet de ciboulette

Placer le demi-poulet dans une cocotte, recouvrir d'eau froide et ajouter les légumes coupés grossièrement. Laisser cuire à feu moyen puis doux une heure environ. Laisser une nuit au réfrigérateur ou dans un endroit frais. Le lendemain, retirer la graisse qui s'est formée en surface. Retirer également le poulet et tous les légumes. Réchauffer la gelée obtenue et passer au chinois recouvert d'une mousseline. Battre ensemble les jaunes d'œufs, le jus de citron, le sel et le poivre dans le liquide obtenu. Laisser refroidir et rajouter le fromage blanc. Rectifier l'assaisonnement. Au moment de servir cette soupe froide, saupoudrer de ciboulette hachée. Comme il n'est pas toujours possible d'acheter en France les poulets par moitié, on peut doubler les quantités, congeler une partie de la gelée et manger le poulet froid avec une mayonnaise et une romaine craquante.

ce qui la laisse parfois pantelante de désarroi. « Quand je lis ce qu'on écrit sur moi, je me dis que jamais plus je n'oserai mettre le nez dehors. » Comme les médias l'avaient sacrée top-model international, elle a voulu faire encore mieux et après la naissance de Henry, son second fils, elle s'était laissé pousser les cheveux. Elle était même fâchée avec son coiffeur de la première heure qui trouvait que ce n'était pas une bonne idée. En effet, elle ressemblait de plus en plus à un personnage de Dallas. Les journaux ne se sont pas fait faute de le lui signaler. Et Diana a coupé ses cheveux. Ainsi navigue la princesse, entre sophistication et naturel, mais chez elle le naturel l'emporte toujours.

Diana devient star et mondialement connue par la seule grâce de Charles, véritable prince charmant en l'occurrence. Il n'avait eu qu'un geste à faire, la choisir, pour qu'elle devînt la femme la plus photographiée d'Angleterre, qu'une phrase à dire pour que la planète adoptât, enthousiaste, sa future reine d'Angleterre. Restait à Diana deux contrats à remplir : être à la hauteur de la tâche, d'une part, et révéler une personnalité bien à elle, de l'autre. Elle sut admirablement utiliser le premier pour réaliser le second. Car, finalement, bien que cela ne lui ait jamais été explicitement demandé, la Couronne et ses attachés de presse attendaient de Diana ni plus ni moins qu'elle redorât le royal blason. Elle s'investit dans cette tâche au-delà de leurs espérances, frisant parfois un remake des « soap-operas » américains. Quelles sont les bases sur lesquelles repose la stabilité monarchique si ce n'est la popularité que veut bien lui accorder son peuple ? « Le jour où vous ne parlerez plus de moi dans vos journaux, il faudra que je m'inquiète », avait lancé Charles mi-figue mi-raisin à l'un des multiples Rouletabille qui ne lui lâchent jamais le bas du pantalon. Avec Diana, le reste de la famille pouvait se carrer confortablement au fond de son trône. Elle ne risquait plus d'être oubliée

Asperges à la sauce mousseline

(Pour 4 personnes)
1 kg d'asperges - 1 bouquet de menthe fraîche - gros sel

Couper les parties terreuses des asperges et les peler comme des pommes de terre avec un épluche-légumes. Les mettre en botte et les ficeler bien serrées. Dans une grande casserole ou un faitout, faire chauffer de l'eau, y jeter une bonne poignée de gros sel. Quand l'eau frissonne, plonger les asperges et le bouquet de menthe. Laisser cuire 10 à 15 minutes jusqu'à ce que les asperges soient tendres. Vérifier avec la pointe d'un couteau. Égoutter avec précaution, couper la ficelle et présenter sur un plat de service tiédi au four.

Sauce mousseline

225 g de beurre - 4 œufs, (à la température ambiante) - sel et poivre - 1 cuillerée à soupe d'eau tiède - le jus d'1/2 citron

Séparer le blanc des œufs. Mixer ensemble le beurre, les jaunes d'œufs, le sel, le poivre, l'eau tiède et le jus de citron. Battre deux blancs d'œufs en neige et mêler délicatement la crème mixée aux blancs. Rectifier l'assaisonnement.

Les Britanniques mangent les asperges vertes. Elles sont donc plus craquantes que les françaises qui sont blanchies en étant cultivées dans la terre ou recouvertes de sable.

ne serait-ce qu'une demi-journée. La « firme royale » avait lancé un hameçon aux médias, elle ramenait dans ses filets une véritable bombe médiatique. A manipuler avec précaution.

En fait, Diana fit peu d'erreurs et au début même ses pires gaffes tournèrent en sa faveur. C'est qu'elle attendrissait la midinette qui sommeille en chacun de nous. Elle se faisait photographier sans jupon ? on la trouvait ingénue. Elle pleurait à un match de polo ? les journalistes eux-mêmes lui envoyèrent des fleurs pour s'excuser de leurs manières grossières. Elle s'endormait à un concert... et ressemblait de plus en plus à la Belle au Bois dormant. Elle fit un véritable forcing pour emmener son fils dans la tournée australo-canadienne et là encore le peuple, par l'intermédiaire de ses gazettes, prit son parti. La reine et le protocole durent s'incliner. Les premiers grincements de dents succédèrent aux éloges quand tout le monde en eut assez de baigner dans le sirop et la guimauve. Pour que Diana fît encore parler d'elle, il s'agissait maintenant de trouver un talon d'Achille à l'idole. Il y eut plusieurs tentatives. Soudain, après avoir été la plus adorable des jeunes femmes, Diana se réveillait avec un caractère épouvantable, chassant tout le personnel du palais, refusant de sourire aux photographes, agaçant Charles par ses multiples caprices, gaspillant l'argent du ménage en babioles extravagantes et hors de prix, refusant de manger le moindre bout de gras de viande pour ne pas grossir, n'ayant qu'une idée en tête : danser un walkman sur les oreilles. Charles et Diana tentèrent de rectifier le tir en donnant une interview mondialement retransmise par les bons soins de la BBC. Sur le plan du taux d'écoute, ce fut un formidable succès : 15 millions d'auditeurs. Mais la presse épiait. Certains journaux, américains notamment, se firent un plaisir de mettre la princesse en pièces. On commandita des analyseurs de gestes qui déclarèrent qu'à sa façon de croiser les jambes on voyait

Artichauts à la mayonnaise

1 artichaut par personne - eau et gros sel

Faire bouillir beaucoup d'eau dans un grand faitout. Y plonger les artichauts parés : pointes des feuilles coupées au ciseau et talon coupé au couteau pour que l'artichaut soit stable sur l'assiette, d'une part, et pour enlever les premières feuilles qui sont dures et filandreuses. Quand une grosse feuille se retire facilement, l'artichaut est cuit. Les égoutter tête en bas. Quand l'artichaut est tiède, écarter délicatement les feuilles vertes et retirer feuilles violettes et foin (s'aider d'une petite cuillère). Verser au fond une bonne cuillerée à soupe de mayonnaise.

Mayonnaise

1 jaune d'œuf (ou 2 si l'œuf est petit) - 300 ml d'huile d'arachide - 1 bonne cuillerée à soupe de moutarde - sel et poivre - le jus d'1/2 citron ou 1 petite cuillerée de vinaigre (selon les goûts)

Mélanger à la fourchette le jaune d'œuf et la moutarde, le sel et le poivre. Tourner assez rapidement tout en rajoutant à petites doses l'huile d'arachide. Quand la mayonnaise est bien épaisse, rajouter éventuellement le jus de citron ou le vinaigre.

Les artichauts que l'on trouve communément en saison dans le panier de la ménagère française sont légumes rares et un luxe en Angleterre. La reine, Diana et Margaret les adorent. Elles devraient lancer la mode, ouvrant ainsi un marché à nos producteurs bretons.

bien que Diana mentait et que Charles ne disait que la moitié de la vérité. Bref, encore six mois à ce train et les scores de popularité de Di allaient rejoindre ceux, peu enviables, de la princesse Anne. C'est alors qu'elle dévoila sa botte secrète.

Depuis plusieurs mois elle tentait de nouer des liens doux mais solides entre son amie Sarah Ferguson (Fergie) et son beau-frère, le prince Andrew. Elle dévoila publiquement son projet et invita Sarah au ski annuel en Suisse. Elle fit d'une pierre deux coups : elle casa le coureur de jupons en le mariant à l'une de ses meilleures amies et elle détourna les sunlights au profit de Fergie. Elle dut apprécier de pouvoir enfin jouer les seconds rôles. Elle redevint ainsi la charmante princesse qui sait rester à sa place. Elle continuera de marcher sur le fil du rasoir face à une presse qui l'aime tant qu'elle voudrait la manger toute crue, mais désormais, elle sait. Qu'un commentateur fielleux fasse une remarque sur le fait que Charles et Diana ont l'air de s'ennuyer ferme en la compagnie l'un de l'autre et comme par hasard sort sur le marché un somptueux bouquin largement illustré par des photos de Tim Graham montrant le prince et la princesse et leurs deux petits, heureux, souriants, dans la maison fleurie de Highgrove. Tout le monde achète. Les remarques fielleuses sont renvoyées aux oubliettes. Et, imperturbable, Diana poursuit le chemin tracé : se produire en public. Comme à la garden-party de Buckingham au mois de juillet par exemple. On aura beau ricaner sur l'archaïsme de telles coutumes, être invité par la reine d'Angleterre à l'une de ses trois garden-parties d'été, c'est quand même quelque chose. Certaines personnes usent de tous les artifices, accrochent leurs meilleures relations pour obtenir la sacro-sainte carte d'invitation. Au Palace, l'organisation de telles fêtes démarre dès le mois d'avril. Auparavant, le Lord Chambellan de la reine a mené sa petite enquête et demandé aux autorités locales de cha-

Mousse de concombre

2 concombres - 250 g de fromage blanc - 2 cuillerées à soupe de ciboulette hachée - 1/4 l de bouillon de poulet (fait avec 1 cube de bouillon concentré) - 1/2 sachet ou 1 feuille de gélatine - 2 cuillerées à soupe de vinaigre de vin blanc - 1 cuillerée de sucre en poudre (cuillère à soupe rase) - 1 bonne pincée de noix de muscade râpée - 150 ml de crème fraîche battue - 1/2 concombre coupé en fines rondelles pour la garniture

Peler et raper les 2 concombres. Les saupoudrer de sel pour les faire dégorger et couvrir le plat. Réserver au frais. Dissoudre la gélatine dans le bouillon de poulet froid, sur feu doux. Laisser refroidir. Placer dans le bol à mixer le fromage blanc, la ciboulette, le vinaigre de vin blanc, le sucre, la pincée de noix de muscade. Rincer et égoutter les concombres râpés dans un chinois, les mélanger à la gélatine refroidie, verser le tout dans le bol à mixer. Mixer. Hors du mixer rajouter au mélange la crème fraîche battue. Rectifier l'assaisonnement. Dans un moule légèrement graissé, verser la mousse. Couvrir d'un film plastique et laisser prendre une nuit au réfrigérateur. Démouler délicatement sur un plat de service et entourer la mousse de rondelles de concombre.

que région de Grande-Bretagne de lui soumettre les noms de personnes dignes d'une telle faveur. On peut également arriver à se faire pistonner, mais il faut être très doué.

Et un beau matin, 10 000 personnes reçoivent le carton : « Le Lord Chambellan, sur les ordres de Sa Majesté, a l'honneur... » de vous faire l'honneur d'être reçu par la reine. Si l'on est un monsieur marié, on a le droit d'amener sa dame et *vice versa.* Si l'on a une fille de dix-huit ans ou plus — donc en âge de se marier — on peut se permettre de la faire briller sur le gazon royal, mais qu'aucune mère ne se fasse d'illusions : ce n'est pas lors d'une telle occasion qu'elle trouvera chaussure au pied de sa rejetonne. Les jeunes hommes du même âge ne sont pas acceptés au même titre que les chiens avec ou sans laisse. La reine, finaude, qui connaît la nature humaine, n'a pas l'intention d'être confondue de près ou de loin avec une entremetteuse.

Comment s'habiller en une telle occasion ? L'invitation suggère quelques conseils aux hommes, mais pas aux femmes. Elles se rallient donc au panache de leur souveraine et font en sorte que leur tenue vestimentaire ressemble le plus possible à la sienne. S'imposant par le même coup collants ou bas en plein juillet. Si bien que Diana fit sensation le jour où elle arriva à la fête, le plus simplement du monde, jambes nues. Avait-on le droit de suivre l'exemple ? La question reste entière. La party démarre à 15 h 15 précises, mais avec deux onces de jugeote, on comprend tout de suite qu'il vaut mieux arriver une heure à l'avance. Dame ! on n'est pas les seuls à vouloir garer sa voiture sur le parking. Arriver à pied fait pauvre.

Pour atteindre les jardins de Buckingham, les invités doivent traverser trois pièces d'apparat, ce qui leur offre l'occasion de jeter un œil intéressé sur les trésors personnels de Sa Majesté. Enfin, la pelouse. Ses marquises (les tentes) et les deux orches-

Crabe à l'andalouse

(Pour 4 personnes)
125 g de chair de crabe fraîche ou congelée - 50 g de crevettes hachées - 1 grosse cuillerée d'oignon finement haché - 1 cuillerée à soupe de concentré de tomates - 1/2 l d'eau chaude - 1 sachet de gelée en poudre

Dissoudre la gelée dans l'eau chaude et laisser refroidir. Verser un peu de gelée dans le fond de ramequins individuels ou dans un plat creux à soufflé. Laisser au réfrigérateur le temps que la gelée prenne. Pendant ce temps, mélanger crabe, crevettes, oignon haché, concentré de tomates et le reste de la gelée. Verser dans les ramequins ou dans le moule et replacer au réfrigérateur deux heures minimum. Démouler en ayant trempé les fonds des ramequins dans l'eau chaude. Décorer avec des tranches de citron et servir accompagné d'une sauce au cresson.

Sauce au cresson

1 botte de cresson - 2 yaourts bulgares - sel et poivre

Jeter dans l'eau bouillante salée la botte de cresson lavée sous l'eau froide. La retirer immédiatement, la mettre sous l'eau froide, égoutter puis essorer fermement dans un linge. Passer le cresson au mixer puis mélanger délicatement la purée obtenue avec les 2 yaourts. Assaisonner et servir avec une belle laitue en vinaigrette.

La famille royale s'interdit de manger des fruits de mer lors des réceptions officielles. Par contre, à la maison, ni les uns ni les autres ne se privent de crabe, langouste, homard, etc.

tres. Lesquels, fort bien organisés, lèvent un petit drapeau pour signaler chacun leur tour que le morceau est terminé et que l'autre orchestre peut entamer le sien. Et que la fête commence, sans la reine qui n'apparaîtra qu'à 16 heures tapantes. Sous les marquises, les petits fours et les boissons. On ne se rue pas sous n'importe laquelle. Elles sont dûment hiérarchisées. La plus belle est réservée à la Famille et à Elizabeth II, si elle vous y entraîne, vous pouvez être flatté. Dans la seconde sont regroupées les très, très importants VIP. Sous ces deux tentes exclusivement on ne mange que du fait-maison, c'est-à-dire des petits sandwiches au concombre et au cresson (ils ont la préférence de la reine), des cakes et des scones entièrement fabriqués dans les cuisines de Buckingham. Les plus communs des mortels auront droit dans les autres tentes aux mêmes sandwiches, cakes et scones mais livrés par Lyons. Pour tout le monde : thé indien ou café glacé.

Il est 16 heures. Les deux orchestres entonnent synchrones le *God Save The Queen* et, miraculeusement, Sa Majesté est là, debout sur le perron, entourée du plus grand nombre possible de membres de la famille royale. Le prince Philip et la princesse Anne ne manquent jamais à ces devoirs, la reine mère non plus, les autres se font un peu plus tirer l'oreille mais bon, Diana, Charles et la princesse Margaret viennent souvent. On pourrait presque les toucher si les « gentlemen-ushers » (huissiers) n'étaient, avec leurs parapluies serrés, à faire de l'ordre à coups de baguette pour que s'établisse une haie d'honneur parmi les invités. La reine part dans une direction. Les autres membres de la famille dans l'autre. Le but à atteindre : la tente royale, après avoir distribué dans la foulée quelques bonjours et autres mots gentils, personnalisés si possible. Ensuite la reine vérifie si ses petits sandwiches au concombre et au cresson sont toujours aussi délicieux, elle s'offre une tasse de thé dans sa porcelaine blanche à filet doré,

Pâté de foie de volaille

(Pour 8 personnes)
450 g de foie de poulet ou autre volaille - 175 g de beurre - 1 oignon émincé - 1 gousse d'ail écrasée - 2 cuillerées à soupe de cognac - 1 bonne pincée de noix de muscade - 1 bonne cuillerée de moutarde - sel et poivre

Hacher les foies de volaille, en ayant soin de retirer les petites peaux et les nerfs. Ramollir le beurre. Puis, dans une sauteuse, faire fondre ensemble oignons et foies, à petit feu, rajouter l'ail, mélanger et retirer la casserole du feu. Mélanger ensemble dans un mixer les foies, le beurre, la muscade, le cognac, la moutarde, le sel et le poivre. Mixer. Placer le pâté dans une terrine. Couvrir avec du papier sulfurisé, laisser une nuit au réfrigérateur. Servir avec des toasts chauds.

Ce pâté est servi aux courses d'Ascot, nous a spécifié la cuisinière qui supervise tous les menus de la fête.

mélange gracieusement le lait au thé avec une de ses petites cuillères en argent frappées aux armes de Victoria, mais peu d'autres invités ont ce privilège. L'argenterie royale disparaissait à une telle cadence au cours de ces parties (10 000 d'un coup, parfois) qu'on choisit, plutôt que de fouiller les invités à la sortie, de ne leur présenter que du métal argenté. Trois quarts d'heure plus tard, la reine est repartie. La coutume veut qu'à 18 heures les pelouses soient désertes. L'affaire est donc rondement menée. Enfin, ce genre d'après-midi vous donne à causer longtemps. Pour Diana, c'est l'occasion de rentrer tôt à la maison. Kensington Palace *that is*.

Elle a déjà dans la tête ce qu'elle fera ce soir. Pas de dîner, pas de sortie prévue, elle va donc organiser pour elle et son amoureux de mari un petit barbecue sur la terrasse de leurs appartements privés. Mais auparavant, les enfants. Ils ont déjà goûté, c'est l'heure du bain. Charles ne rechigne pas lui non plus à se mettre à genoux sur la moquette de la salle de bains pour jouer avec les petits canards en plastique de Henry (mais pourquoi le surnomment-ils donc Harry ?) et de William. Excitation dans la baignoire des petits princes. Ils ne veulent plus sortir de l'eau, ils éclaboussent leurs parents, faisant fi du respect dû à leur rang. Papa et maman se régalent. Avec un petit coup de main de Mrs Barnes, on sort les enfants du bain, on les étrille, on les bichonne. Pyjamas, robes de chambre et histoires pour enfants sages. Charles est maître en la matière, il a même écrit et publié un conte : *L'Histoire du vieil homme écossais* où il est dit, entre autres, que le vieil homme en question possède des cabinets dont la chasse d'eau en forme de cornemuse déclenche, lorsqu'elle se met en marche, une virile musique de Highlanders. Au fil des ans, Charles a développé une véritable passion pour les cabinets dont il collectionne les sièges, voulant sans doute garder toujours présente à sa

Mousse d'avocat

(Pour 6 personnes)
3 avocats bien mûrs - 1/2 paquet ou une feuille de gélatine - 1/4 l de bouillon de poulet (1/2 cube de bouillon concentré dans 1/4 l d'eau chaude) - 1 cuillerée à café d'oignon haché - 2 cuillerées à café de sauce Worcestershire - 2 gouttes de tabasco - sel et poivre

Verser la gélatine dans le bouillon et faire fondre sur feu doux sans cesser de remuer. Passer au mixer chair d'avocat, oignon haché, sauce Worcestershire, tabasco, sel et poivre. Rajouter le bouillon refroidi au mélange. Verser le tout dans un moule à soufflé ou dans des ramequins individuels légèrement beurrés. Laisser prendre au réfrigérateur deux heures. Au moment de servir, démouler à l'aide d'un couteau pointu trempé dans l'eau chaude.

Diana adore les « mousses » sous toutes leurs formes, salées ou sucrées, chaudes ou froides.

mémoire la phrase célèbre : « Aussi haut qu'il soit placé un homme ne s'assied jamais que sur son cul. » Plus prosaïque, William préfère les histoires guerrières, ce qui offre à son père l'occasion de lui parler de l'Histoire tout court : « Un jour que ton arrière-grand-oncle (Lord Mountbatten) s'en revenait de guerre... » Et même s'il ne lui raconte que les aventures de Malborough, cela reste encore dans la famille. Laissant leurs enfants à des rêves tumultueux, Charles et Diana vont profiter de la douceur d'une nuit d'été sur la terrasse aménagée à cet effet. Marie-Christine de Kent, leur sulfureuse cousine et néanmoins voisine, en est verte de jalousie. Elle a tout tenté pour se faire construire une terrasse semblable. Impossible, l'architecture de ses appartements ne s'y prête pas. Elle ronge son frein dans son coin, n'étant quasiment jamais invitée chez les Wales qui ne l'apprécient que modérément.

De leur jardin suspendu, parce que Charles a naturellement encerclé la terrasse de buissons, d'arbres nains et de fleurs en pots, les amoureux princiers ont vue sur les jardins publics de Kensington Green. Sur le barbecue de briquette rouge grésillent les poissons, qu'ils préfèrent aux saucisses et autres côtelettes d'agneau. Sur la table dressée, des salades que Diana peut croquer sans arrière-pensée pour sa ligne, des fruits et peut-être, pour rompre les habitudes, une bouteille de champagne ou de vin blanc. Normalement la princesse ne boit jamais d'alcool et Charles, qui n'a jamais beaucoup aimé le vin rouge, s'est rallié aux jus de fruits de sa femme. Ils sont naturels à cent pour cent et donc excellents pour la santé. Petite musique de nuit en arrière-fond... Les Wales sont bien. Diana raconte comment William a, une fois de plus, envoyé les chaussures de son père dans la cuvette des toilettes. Charles se souvient du jour où le sacripant déclencha les alarmes de Highgrove, semant alerte et panique parmi les officiers de la sécurité. Serein, l'heureux couple profite paresseusement de sa

Saumon en papillote

(Pour 4 personnes)
1 beau saumon (environ 7 à 800 g) - 1 bouquet de persil - 1 oignon émincé - le jus d'1 citron - 2 verres de vin blanc sec - 1 cuillerée à soupe d'huile d'olive - sel et poivre blanc.

Demander au poissonnier de nettoyer le saumon en lui gardant sa tête et sa queue. Sur la lèchefrite du four étaler une feuille de papier d'aluminium (elle doit faire 2 fois 1/2 la taille du poisson). Saler et poivrer le saumon. Avec un pinceau, le badigeonner d'huile d'olive. Déposer le poisson sur la feuille d'aluminium. Rajouter oignon émincé, jus de citron et vin blanc. Fourrer le poisson avec le bouquet de persil. Refermer la papillote. Mettre au four préchauffé à 180°. Laisser cuire 10 minutes par livre. Le saumon est à point quand la peau se détache facilement de la chair. Ne pas trop cuire, il se dessécherait. Le saumon doit être moelleux en bouche. Poser le saumon sur le plat de service et retirer la peau rapidement en ne la conservant que sur la tête et la queue. Servir.
On entoure ce saumon d'un concombre pelé et coupé en rondelles que l'on aura saupoudré de vinaigre de vin blanc, sel, poivre et sucre en poudre. On sert toujours des pommes de terre nouvelles cuites à l'eau ou à la vapeur en accompagnement.
Chaud, il sera servi avec une sauce hollandaise (recette p. 185).
Froid, il sera servi avec une mayonnaise (recette p. 67).

soirée tranquille. Tant mieux car demain, branle-bas de combat dès l'aurore : ils partent en vacances rejoindre le roi et la reine d'Espagne. A Majorque, la police espagnole et les envoyés spéciaux de toute la presse britannique sont sur les dents.

Quelle drôle d'idée d'avoir choisi Majorque pour des vacances en plein mois d'août. L'île est bourrée de congés payés français, allemands, britanniques, on a du mal à poser deux serviettes à côté l'une de l'autre sur la plage et le château de Juan Carlos, qui domine tout ce petit monde, à pic au-dessus de l'eau, n'a même pas une petite plage privée où se cacher des regards indiscrets. Charles a certainement accepté cette invitation pour faire plaisir à Diana. Sa femme adore le soleil, la mer et désormais la jet-society, et puis Juan et Charles ont beaucoup sympathisé ces dernières années. Il y a longtemps que l'un et l'autre ont oublié l'incident du *Britannia* : lors de leur voyage de noces, le yacht britannique était passé par Gibraltar au grand dam du roi d'Espagne qui voyait là un pied de nez fait à son pays. En cet été 86, alors que la presse anglaise fichait une paix royale à Andrew et Fergie, à leur tour en voyage de noces sur le *Britannia*, elle ne lâcha ni Diana ni ses enfants de vue un seul instant. Bons princes, tous sacrifièrent à la photo de famille, à l'extérieur du château, à l'intérieur du château, Juan Carlos jouant avec William, Henry suçant son pouce dans les bras de Charles, Diana souriant gentiment, la tête penchée comme à son habitude sur le côté. Mais les photographes voulaient encore plus, toujours plus. Six journalistes louèrent 20 000 francs la journée un bateau à moteur pour suivre le yacht sur lequel s'échappaient le roi et ses invités. Comment le petit bateau des paparazzi échappa-t-il au contrôle du cordon de sécurité ? Le lendemain matin, le *Daily Mirror* offrait en double page à ses lecteurs leur princesse chérie en petit deux-pièces plongeant dans l'eau, sortant de l'eau le cheveu raide, fai-

Homard à l'anglaise

(Pour 2 personnes)
1 homard (l'acheter cuit chez le poissonnier) - 1 cuillerée à soupe d'huile d'olive - 1 cuillerée d'oignon haché - 1 à 2 cuillerées à café de curry (selon les goûts) - 1 bonne cuillerée à café de concentré de tomates - 1 verre de bon vin rouge - le jus d'1/2 citron - 2 cuillerées à soupe de confiture d'abricots - 1 bol de mayonnaise (cf. recette p. 67)

Dans une sauteuse ou une casserole à fond épais faire fondre les oignons doucement jusqu'à transparence. Ajouter le curry. Remuer avec une cuillère en bois. Puis rajouter le concentré de tomates, le sel, le poivre, la feuille de laurier et le vin rouge. Remuer encore. Ajouter le jus de citron et la confiture d'abricots. Laisser mijoter 10 minutes en tournant de temps en temps. Passer au chinois. Laisser refroidir puis mélanger cette sauce à la mayonnaise. Couper le homard en deux dans le sens de la longueur. Retirer les branchies et la veine intestinale noire, délicatement. Conservée, elle donne un goût amer à la chair du homard. Retirer également l'estomac qui se trouve dans la tête de l'animal. Découper la chair en dés. Mélanger ensemble la moitié de la sauce et la chair et présenter dans les demi-carapaces. Verser le reste de la sauce en saucière.

Toute jeune mariée et voulant préparer son menu pour recevoir des amis, Diana demanda à Charles s'ils avaient les moyens de s'offrir un homard. Elle a découvert depuis les possibilités de son mari.

sant des exercices de barre sur le bastingage du yacht. Bref, la presse eut, une fois de plus, sa photo à scandale et les écrivaillons purent s'exclamer : « Comment ! Diana s'exposait en bikini ! » Pas de quoi fouetter un chat, l'événement fit pourtant monter les ventes et les deux journalistes qui faillirent passer par-dessus bord avec leur téléobjectif ne risquèrent pas leur vie pour rien.

Charles revint de ces vacances passablement agacé, mais Diana était ravie. Toute bronzée, resplendissante dans sa jupe plissée blanche et son grand pull bleu marine avec joueur de polo en point jacquard, elle abordait le séjour à Balmoral sous les meilleurs auspices et avec la plus belle humeur. Après tout, si l'Espagne était le prix que Charles devait payer pour voir sa femme heureuse en Écosse...

Changement de climat total. Fini les grosses chaleurs du Sud, le soleil de plomb qui vous oblige à la sieste, les odeurs de paella et de palétuvier mélangées. L'Écosse se mérite. Surtout Balmoral. Le château de la reine est situé au nord d'Aberdeen, Aberdeen étant au nord-est de l'Écosse, c'est dire qu'on toucherait presque le pôle en tendant la main ! Balmoral, c'est une idée du « cher Albert », le prince consort de la reine Victoria. Fallait-il être germanique pour aller planter sa tente là-bas !

En 1850, Victoria achète le château et son domaine (8 000 hectares) un peu par hasard. Un ami le lui cède à bas prix. Albert s'entiche de cette place forte, rébarbative et croulante sous les ans. Il fait restaurer le vieux château fort, lui donne une allure plus guerrière que jamais et fait tapisser toutes les chambres de papier peint écossais. Au rez-de-chaussée, les pièces de réception sont tendues de papier blanc avec incrustations aux armes de la reine Victoria. La moquette reste écossaise (gris et rouge...). Et la famille royale aimant la tradition, il y a peu de risques pour que la décoration soit transformée : sagement, Albert avait prévu

Filets de turbot au champagne

(Pour 4 personnes)
8 filets de turbot (demander au poissonnier de lever les filets) - 4 oignons émincés - 1 bouquet de persil - 1 noix de beurre - 2 jaunes d'œufs - 1/4 de bouteille de champagne - le jus d'1/2 citron - 1 bonne cuillerée de persil haché - sel et poivre

Avec la noisette de beurre, graisser un plat creux allant au four. Déposer les filets dans le fond du plat et rajouter dessus les oignons émincés, le sel, le poivre et les branches de persil. Rajouter le champagne et couvrir le plat avec du papier sulfurisé enduit de beurre. Dans le four chauffé à 180° (feu doux) enfourner le plat et laisser cuire 10 minutes. Après cuisson, réserver les filets au chaud, passer le jus de cuisson, verser en casserole avec le jus du citron et faire réduire à feu vif pendant une minute. Hors du feu rajouter les jaunes d'œufs. Battre au fouet jusqu'à ce que la sauce soit bien lisse et la verser sur les filets. Servir immédiatement après avoir décoré avec le persil haché.

un bon stock de rouleaux d'avance. Quand un pan de mur est abîmé, on le remplace immédiatement. Après la mort de son mari, Victoria se réfugia de plus en plus souvent à Balmoral pour y cacher son chagrin. Peu à peu les habitudes furent prises et la reine mère, écossaise du fond du cœur, ne fit que les encourager encore un peu plus. Aujourd'hui, de la grand-mère aux arrière-petits-enfants, tout le monde adore Balmoral. Y compris Charles, bien sûr, grand maître de la pêche au saumon. Pour rien au monde il ne pourrait se passer de ses vacances dans le nord du pays. Si bien qu'un séjour à Balmoral devint l'un des tests pour ses éventuelles fiancées. En abrégeant leur séjour pour cause de mauvais temps, elles perdaient tout espoir de devenir reine un jour. Avant ses fiançailles, Diana découvrit l'endroit avec enthousiasme : les bottes de caoutchouc et les imperméables pendus dans l'entrée à côté des cannes à pêche, les bicyclettes de toutes tailles et de tous âges, les plats des chiens par terre que la reine aime à remplir elle-même le soir... Elle découvrit aussi les longues marches dans la lande sous le vent et la pluie... et finalement s'en lassa.

Pourtant, mauvais temps mis à part, et pour peu que l'on aime la chasse, la pêche ou l'équitation, Balmoral est un endroit idéal pour des vacances royales. Les invités de choix de la reine y reviennent d'ailleurs fidèlement chaque année. Un séjour au château dure un long week-end et démarre le jeudi. Un petit bus vient vous chercher à l'aéroport ou à la gare d'Aberdeen. Un chauffeur en livrée avec casquette brodée d'un EIIR (Elizabeth II Regina) vous ouvre la portière. Vous voilà parti dans un autre monde. Ce n'est pas parce que la reine est en vacances qu'elle laisse tomber le protocole. Il est toujours risqué de prendre de mauvaises habitudes.

Après que vous avez enjambé les bottes dans l'entrée, un majordome vous fait passer au salon où vous attendent Elizabeth et

Filets de sole à la Savoy

(Pour 4 personnes)
8 filets de sole - 1 sachet de court-bouillon - 1/4 de litre de vin blanc sec - 3 échalotes finement hachées - 1 noix de beurre - 1/2 livre de tomates concassées et épépinées - 250 g de champignons de Paris - 250 g de têtes d'asperges en boîte ou congelées ou 1 botte d'asperges d'1 kg - 1/2 truffe (facultatif) - 1 branche de thym - 1 bonne cuillerée de persil haché - sel et poivre

Beurrer un plat allant au four. Replier les filets de sole en triangle ou en spirale et les mettre dans le plat. Ajouter les échalotes hachées, le sel, le poivre, la branche de thym, les champignons revenus avec une noisette de beurre, le jus de la demi-truffe en boîte et le court-bouillon délayé dans le vin blanc. Déposer des noisettes de beurre sur le tout. Couvrir avec un papier sulfurisé et enfourner à four moyen 10 minutes. Ne pas cuire trop longtemps pour conserver son moelleux au poisson. Sortir les filets de sole et les garder au chaud dans un plat tiédi. Verser le jus de cuisson dans une casserole et faire réduire de moitié sur feu vif. Rajouter les tomates. Cuire encore deux minutes. Puis hors du feu rajouter les têtes d'asperges, la demi-truffe émincée et le persil haché. Verser sur les soles et servir.

sa famille. C'est l'heure du thé. « Venez vous asseoir près de moi », vous invite gentiment la reine en tapotant les coussins du canapé. Elle vous servira elle-même le thé d'une somptueuse théière en argent trop lourde pour être soulevée d'une petite main de reine. Un système ingénieux permet de verser la boisson sans avoir à déplacer l'appareil. La maîtresse de maison vous conduira ensuite à vos appartements qu'elle aura dûment inspectés le matin pour vérifier qu'il n'y manque ni les savonnettes Yardley ou Roger et Gallet, ni les serviettes de toilette nid-d'abeilles ayant appartenu à la reine Victoria. Vous avez une petite heure de battement devant vous avant le dîner. Le temps pour vous d'apprécier les détails. Le lit, à baldaquin évidemment, et tout le mobilier en bois de pin fabriqué spécialement pour Balmoral. Vos affaires sont déjà empilées, accrochées, repassées dans l'armoire. Sur le secrétaire, sagement rangés, le papier à lettre à en-tête du château, les encres bleues et rouges, les crayons, les stylos et le cachet de cire pour sceller les enveloppes. Un plateau attend, dans un coin, vos précieuses missives.

Alors, si la tuyauterie est un peu bruyante et la robinetterie défaillante, n'allez pas pinailler. Vous vivez dans l'Histoire. Vous feriez mieux de vous habiller : robe longue, costume écossais ou jaquette. Il est 20 heures, descendez vite dans la salle à manger. Votre hôtesse est d'une ponctualité redoutable, elle ne supporte pas les retardataires et aime arriver la dernière à 20 h 15. Les candélabres d'argent dispensent une douce lumière, font briller les verres de cristal et les yeux des dames. Les valets en livrée rouge à boutons dorés indiquent sa place à chacun. Après la vichyssoise ou le consommé à la queue de bœuf, vous avez toutes les chances de voir arriver un saumon sur la table, cuit le plus simplement du monde à l'étouffée, en papillote, et pêché le matin même par Charles dans la Dee, la rivière qui traverse la propriété

Blanquette de veau aux asperges

(Pour 4 personnes)
800 g de sauté de veau sans gras - 50 g de beurre - 1 livre d'asperges cuites (cf. recette p. 65) - le blanc de 3 poireaux - le jus d'1 citron - 150 ml de crème fleurette (facultatif) - un verre de vin blanc - sel et poivre

Faire fondre le beurre dans une cocotte, ajouter les blancs de poireaux finement émincés. Laisser fondre les poireaux à feu doux. Ils ne doivent pas blondir. Quand ils deviennent transparents ajouter un verre d'eau et remonter un peu la flamme. Quand l'eau est évaporée et les poireaux confits, les sortir de la casserole. Réserver. Sur feu assez vif maintenant faire revenir les morceaux de veau dans la même cocotte. Retourner les morceaux pour qu'ils soient colorés sur toutes les faces. Remettre les poireaux dans la cocotte avec la viande et rajouter deux verres d'eau et un verre de vin blanc (bourgogne alligoté par exemple). Laisser mijoter à feu doux une heure environ en vérifiant de temps à autre que la viande n'attache pas. Éventuellement rajouter un peu d'eau en cours de cuisson. Pendant ce temps nettoyer et faire cuire dans une grande casserole d'eau bouillante salée les asperges. (Si elles sont congelées réduire le temps de cuisson, si elles sont en boîte, cuisson inutile.) Les égoutter et réserver les têtes pour la garniture. Retirer le veau de la casserole et garder au chaud. Dans la cocotte jeter les queues d'asperges et ajouter le jus d'un demi citron. Bien mélanger le jus de cuisson, le blanc de poireau confit et les queues d'asperges. Verser l'appareil dans le bol du mixer et mixer jusqu'à l'obtention d'une purée crémeuse. Passer la purée au chinois. Rajouter la crème fleurette (facultatif) et couvrir le veau de cette sauce. Décorer avec les têtes d'asperges et servir avec un riz blanc beurré ou, plus raffiné, des carottes Vichy persillées.

royale, pommes de terre et légumes verts, on vous servira peut-être une salade mais sûrement pas de fromage, la reine en a horreur. En revanche, vous vous régalerez de desserts, soufflé au Grand Marnier ou au citron, poires Belle-Hélène, gâteau glacé. Après le repas, et selon de vieilles coutumes qui n'ont pas entendu parler de féminisme, les messieurs vont au fumoir suçoter leur cigare et les dames vont au salon. Il leur sera servi comme aux gentlemen un porto et, plus tard, lorsque les deux sexes se trouveront à nouveau réunis, d'autres liqueurs, café, thé ou tisanes. Il doit être 10 h 30 et la reine s'esquive. C'est le moment d'en faire autant si vous voulez vous coucher tôt. Vous avez laissé passer l'instant ? Tant pis pour vous, vous êtes coincé. Margaret s'est installée au piano, elle va jouer et chanter « jusqu'à plus d'heure ». Et désormais le protocole vous empêche de sortir de la pièce avant qu'une autre personne royale ne le fasse. Portez tous vos espoirs sur Diana si elle est encore là. Car demain, la journée sera chargée, vous avez intérêt à être en forme.

Là encore, les activités sont très sexuées — les dames d'un côté, les messieurs de l'autre —, et planifiées comme des horaires de chemin de fer. Petit déjeuner à 8 h 45 pour ceux qui vont à la chasse, c'est-à-dire les hommes. Solidement lestés de porridge, œufs au bacon, *kippers* ou *soft baps*, ils montent dans la Land-Rover du prince à 9 h 30 précises. Les labradors sautent aussi dans le véhicule. Il faut une sacrée personnalité pour décliner une invitation à la chasse. Harold Wilson a osé lorsqu'il était Premier ministre (les Premiers ministres sont toujours invités à Balmoral). Harold préférait le golf. Pendant ce temps les dames ont le droit de traîner au lit une demi-heure de plus, où leur petit déjeuner leur sera servi. Ensuite la reine les attend, bon pied bon œil, en bas du grand escalier, face à la statue d'Albert, à 10 h 30. Elles s'en vont galoper de concert dans les bois et la bruyère. On

Poulet au raisin

(Pour 4 personnes)
1 beau poulet de grain d'1,200 kg environ - 2 carottes - 1 poireau - 1 cube de bouillon de poulet - 1 botte de persil - 50 g de beurre - 25 g de farine - 1/2 livre de raisin blanc - 3 oignons - le jus d'1/2 citron - 3 cuillerées à soupe de crème fraîche - sel et poivre

Émincer carottes et poireau. Les mettre en cocotte. Placer le poulet sur les légumes. Rajouter le persil, le sel, le poivre et un litre d'eau tiède dans lequel on aura fait fondre le cube de bouillon, l'eau doit couvrir le poulet. Mettre à cuire sur feu moyen, sans bouillir. Écumer en cours de cuisson. Au bout d'une heure, retirer la volaille de la cocotte, la placer au réfrigérateur sur un plat pendant deux heures. Retirer ensuite délicatement la chair du poulet en morceaux bien présentés. Remettre la chair au réfrigérateur en ayant soin de la couvrir. Ébouillanter 7 secondes les grains de raisin. Peler et épépiner chaque grain. Verser dessus le jus de citron. Placer le bol au réfrigérateur. Reprendre le bouillon refroidi dans lequel a cuit la volaille. Le dégraisser délicatement à l'aide d'une écumoire. Réchauffer le bouillon clarifié, le passer au chinois. Faire fondre le beurre dans une casserole à fond épais. Y verser les oignons hachés et les laisser mijoter à feu doux jusqu'à transparence. Rajouter la farine tout en maintenant à feu doux. Sans arrêter de tourner, rajouter 1/4 de litre ou un peu plus du bouillon clarifié jusqu'à consistance épaisse. Rajouter à cette sauce les morceaux de poulet et leur jus. Rectifier l'assaisonnement et décorer le plat de service d'une poignée de grains de raisin pelés, épépinés et rapidement réchauffés en casserole.

peut arriver à se défiler si l'on a horreur du cheval, mais nul n'échappera au pique-nique des chasseurs. D'ailleurs, ce serait dommage car c'est un spectacle rare que de voir transporter tout le déjeuner par les serviteurs, sans oublier la moindre serviette ni le beurre ni le sel. On déjeune copieux mais léger. Si vous n'êtes pas du coin, vous ferez connaissance avec les *stoch eggs* qui sont très difficiles à décrire : disons grosso modo un œuf dur enrobé d'une chair à saucisse un peu sèche elle-même recouverte de chapelure frite. Ça glisse très bien avec un petit verre de vin blanc. Filet de bœuf froid, poulet en gelée ou à la mayonnaise, salades mélangées et pudding avec peut-être du fromage puisqu'on est dehors. Les chasseurs, eux, n'ont pas le droit à l'alcool, ni vin ni rien. Ensuite chacun retourne à ses moutons, les hommes à la chasse, les femmes jouent les ramasseurs, les labradors sur les talons. A 17 h 25 tout le monde est de retour au château, puisque le thé est servi à 17 h 30.

Ce soir, s'il ne pleut pas, on va jouer à la dînette, avec, dehors, un barbecue sous les grands arbres. C'est à peu près le seul moment de sa vie où le prince Philip fait la cuisine, mais il y excelle. Très bricoleur, il a mis au point et fabriqué un grand trolley qui comporte à la fois un gril, des compartiments pour les plats et les boissons chaudes, et un compartiment pour les vins frais et les jus de fruits. L'ensemble est épatant et fort pratique. Philip, aidé de la princesse Anne qui n'a peur de rien et surtout pas des odeurs de graillon, se transforme en chef de la soirée. Avec dextérité et savoir-faire, il retourne les saucisses, laisse grésiller les côtelettes d'agneau le temps qu'il faut selon le goût de chacun. Les invités, leur assiette à la main, font la queue pour se faire servir. A proximité, sur une grande table recouverte d'une nappe blanche, les tartes aux épinards (on aime beaucoup les épinards dans la famille), les salades et les desserts. Abondance de

Mousse de groseilles à maquereaux

(Pour 4 personnes)
1 livre de groseilles à maquereaux - 125 g de sucre en poudre - 15 cl de crème fraîche

Faire cuire les fruits avec le sucre sur feu doux 10 minutes environ. Remuer pour empêcher d'attacher. Passer à la moulinette ou au mixer. Fouetter la crème fraîche et la mélanger délicatement à la purée de fruits lorsque celle-ci est refroidie. Verser en coupes et servir frais.

Ananas royal

(Pour 4 personnes)
1 ananas - 4 pêches - 1 livre de fraises - 4 cuillerées à soupe de sucre en poudre - 1 verre de liqueur d'orange

Éplucher l'ananas avec un couteau pointu bien aiguisé. Le découper en tranches d'1,5 centimètre d'épaisseur (la largeur d'un doigt). Enlever la partie dure du milieu de chaque tranche. Nettoyer les fraises, les couper en deux. Verser le sucre. Mélanger délicatement. Remplir les tranches d'ananas avec les fraises sucrées. Peler, éplucher les pêches, les couper en tranches. Les disposer tout autour de l'ananas. Arroser généreusement de liqueur d'orange.

cakes au raisin, de salade de fruits et un gâteau au chocolat pour faire plaisir à la Queen Mum qui les adore. Tout le monde a passé sa petite laine, car au nord de l'Écosse même en plein été les soirées sont fraîches. Mais la soirée est belle, le soleil qui met du temps à disparaître laisse le ciel rose de ses derniers rayons. Si l'on a de la chance on pourra se réjouir d'une aurore boréale, phénomène moins rare en Écosse qu'ailleurs.

Il se peut aussi que la reine donne ce soir-là un des deux bals de la saison. Bals où sont invités tour à tour les gens du cru et le personnel du château, ce qui revient à peu près au même. En effet, l'été, ne viennent à Balmoral que les indispensables serviteurs de Buckingham. Les autres profitent de leurs vacances. Pour la servir, la reine recrute localement près de cent vingt personnes, toutes ravies de se dépenser pour leur monarque. Ces employés saisonniers touchent un salaire quasi symbolique. C'est pour cela qu'il ne faut jamais oublier en partant de leur laisser un généreux pourboire.

Le bal a lieu dans le grand hall, sous le regard bienveillant de Victoria et Albert, statufiés depuis longtemps, leur buste sur un piédestal. Les dames en robe longue, boucles d'oreilles, parures et même diadèmes si elles en ont, les messieurs en kilt. Difficile de raconter en trois lignes pourquoi le costume est aussi indispensable dans la région. Mais sachez que, non, on ne porte ni culotte ni caleçon sous la jupe plissée, des photos révélatrices du cousin de la reine sont là pour le prouver. De toute façon on a bien chaud sous les cinq mètres de tissu plissé en pure laine de pays. L'ourlet de la jupe est très important, il doit arriver juste sous le genou pour que la pluie en tombant n'aille pas s'égoutter sur vos mollets. Chaque famille est un clan et chaque clan a sa couleur, son tartan.

Robes longues et jupes courtes se mêlent pour des gigues et

Cœur à la crème

(Pour 6 personnes)
250 ml de crème fraîche épaisse - 250 ml de fromage blanc - 2 cuillerées à soupe de sucre en poudre - 3 blancs d'œufs montés en neige très ferme - 1 kg de fraises nettoyées

Passer le fromage blanc dans une mousseline pour bien l'égoutter. Mélanger ensemble crème fraîche, fromage blanc et sucre en poudre. Monter les blancs en neige et les ajouter délicatement à la préparation. Dans un grand moule en forme de cœur ou dans six petits moules individuels recouverts d'une mousseline, verser la préparation. Tasser en cognant le fond et les bords contre la table. Mettre au réfrigérateur une nuit. Démouler et servir avec un coulis de framboises.

Coulis de framboises

1/2 livre de framboises - 4 cuillerées à soupe de sucre glace tamisé

Presser dans une mousseline la demi-livre de framboises. Ne pas utiliser de métal qui détruit le goût des fruits. Fouetter le jus obtenu avec le sucre glace en versant le sucre cuillerée par cuillerée. Cette méthode sans cuisson conserve toutes leurs vitamines aux fruits.

autres danses folkloriques. La reine, avec son éternel sens du devoir, tâche de danser avec le plus de monde possible. Si bien que tous les hommes de la soirée ont dû répéter leur pas de deux plusieurs jours à l'avance pour le cas où ils devraient se lancer dans la ronde. Tous les autres membres de la famille sont là, partageant l'ambiance bon enfant. Naturellement, Diana passe d'un bras à l'autre sans même avoir le temps de s'asseoir une minute.

Quand le bal est terminé, chacun rejoint ses pénates. Charles et sa princesse retrouvent leur maison, Graigowan, à un kilomètre de Balmoral. L'endroit est beaucoup moins grandiose que le château familial. Cachée près d'un bois, romantique à souhait avec ses toits pentus, ses deux grosses cheminées et ses fenêtres à croisillons blanches, c'est la vraie retraite de Charles. Comme demain c'est dimanche, les Wales rejoindront la reine et ses invités à l'église du village pour la cérémonie religieuse. Seule la princesse Margaret se dispense du déplacement et reste au lit jusqu'à l'heure du lunch. Il est classique, royal et *very british* : rosbif et *yorkshire pudding*, carottes et haricots verts du jardin, et Charles n'aura pas le droit d'aller pêcher cet après-midi, c'est interdit le dimanche, ainsi que de chasser. Après avoir fait ses adieux à ses invités, la famille s'embarquera sans doute pour une ultime promenade. Quel que soit le temps, après un tel repas un peu d'air frais fait toujours du bien.

Heureusement pour Charles, à Balmoral il y a aussi la Queen Mum, la grand-mère chérie de tous les Britanniques. Dans la presse et dans tous les foyers, on l'appelle affectueusement Queen Mum ou Queen Mother. Elle ne dit rien car elle est très polie, mais elle n'aime ni cette expression ni l'autre. Au palais et dans son entourage, on parle d'elle en disant : « la reine Elizabeth ». Sa fille s'appelle tout simplement « la reine » pour faire la différence. Cette charmante dame de quatre-vingt-six

Pavlova

(Pour 6 personnes)
4 jaunes d'œufs - 1 pincée de sel - 2 cuillerées à café de vinaigre de vin blanc - 2 cuillerées de farine de maïs - 1/2 cuillerée à café d'essence de vanille - 2 bananes pelées et coupées en rondelles - 2 pommes pelées coupées en 2 puis en lamelles - 1/2 ananas pelé et coupé en petits dés - 1 livre de fraises - 1 grappe de raisin épépiné - 250 ml de crème fraîche montée en chantilly avec 2 cuillerées de sucre glace et quelques gouttes d'essence de vanille

Préchauffer le four à 140° (la température la plus douce). Monter les blancs en neige avec une pincée de sel jusqu'à ce qu'ils soient bien fermes. Peu à peu rajouter le sucre en poudre. Mélanger jusqu'à ce que les blancs ne tombent plus du fouet. Ajouter l'essence de vanille et le vinaigre de vin blanc en soulevant doucement les blancs. Beurrer un moule à flan. Y verser le mélange en remontant bien sur les bords et en creusant le milieu pour obtenir une sorte de nid. Mettre au four 1 h 30. Quand la meringue est prête, la faire refroidir puis la remplir avec la crème fouettée mélangée à la moitié des fruits préparés. Décorer avec le reste de fruits.

Depuis des générations, Néo-Zélandais et Australiens se disputent l'origine de cette recette qu'ils offrent régulièrement à la reine lors de ses visites chez eux. D'après Jane Grigson, le Pavlova fut créé pour la danseuse russe du même nom par un cuisinier australien qui le lui offrit à sa première tournée en Australie.
Personnellement, la reine préfère que l'on rajoute des kiwis aux autres fruits. L'idée que le kiwi soit bourré de vitamine C l'enchante.

ans (elle est née avec le siècle) a un petit-fils favori, c'est Charles. C'est sûrement elle qui lui a montré du doigt les qualités de Diana. En tout cas, elle a couvé leurs amours à leurs débuts. A Balmoral elle continue de faire en sorte que tout aille bien entre Charles, Diana et l'Écosse.

Comme la reine, elle s'y installe pour l'été, mais, très indépendante, elle a son château à elle. Castle of Mey est complètement perdu dans un site sauvage et nu. Vagues et rochers, pluies et vents, et puis la rivière pour le saumon. Il y a quatre ans à peine, la vieille dame pêchait encore, bardée de cuissardes, un chapeau de pluie sur la tête. C'est elle qui a appris à Charles l'art de taquiner le poisson. Elle lui a donné le secret de ses meilleurs coins. Un jour Charles revient au château de Balmoral avec une superbe pièce. « D'où vient ce saumon ? » lui dit sa mère. « De la rivière de grand-mère », répondit Charles. « As-tu la permission pour aller pêcher là-bas ? Cette rivière ne t'appartient pas encore, que je sache ». Et Charles dut rendre le poisson à la rivière de sa grand-mère. Bien qu'ayant elle-même abandonné ce sport, elle n'aime rien tant que retrouver Charles et Diana dans sa hutte de pêche. Elle y organise des pique-niques et papote avec Diana en regardant Charles se débattre avec sa prise. La plus vieille amie de la reine mère s'appelle Lady Formoy. Ruth, qui passe toutes ses vacances à Mey, est aussi la grand-mère maternelle de Diana. Tout cela crée des liens et Charles va souvent retrouver sa grand-mère accompagné de sa petite famille. Contrairement aux Wales qui sont sobres comme des quakers, la reine mère ne se refuse jamais un petit gin tassé ou un Dubonnet. A l'heure du déjeuner, elle boit du vin. Très amie avec les Rothschild elle a appris a reconnaître un bon bordeaux. Vers 5 heures du soir, mais la reine mère n'a pas un très bon sens de l'heure, ils rentrent au châ-

Tarte aux fraises

(Pour 6 personnes)
250 g de farine tamisée - 200 g de beurre ramolli - 100 g de sucre glace tamisé - 2 blancs d'œufs - 1 petite pincée de sel - Quelques gouttes d'essence de vanille - 1 livre 1/2 de fraises - 125 g de gelée de groseilles

Avec les doigts mélanger rapidement beurre ramolli et farine tamisée. La pâte ne se forme pas et reste en petits morceaux : c'est normal. Ajouter le sucre glace, le sel et l'essence de vanille. Mélanger. Rajouter les blancs d'œufs. Mélanger vigoureusement. On peut à ce stade utiliser un mixer sur vitesse moyenne. Former une boule. La protéger d'un film plastique transparent. Laisser reposer la pâte deux heures minimum au réfrigérateur.
Préchauffer le four à 220° (chaleur moyenne). Sur la table de travail légèrement farinée, étaler la pâte au rouleau. Mettre dans un moule à tarte beurré et légèrement fariné. Piquer la pâte à la fourchette. Recouvrir d'un papier d'aluminium. Étaler dessus des pois chiches : ils empêchent la pâte de gonfler. Mettre au four 10 minutes. Sortir du four. Retirer feuille d'aluminium et pois secs. On peut conserver les pois pour une utilisation similaire ultérieure. Laisser refroidir. Nettoyer, équeuter les fraises. Dans une casserole à fond épais faire réchauffer à feu doux la gelée de groseilles en tournant avec une cuillère en bois. Au pinceau brosser grossièrement la tarte avec la gelée. Disposer joliment les fraises en rond (préférer des fraises de petite taille). Brosser les fraises avec le reste de la gelée. On peut servir cette tarte avec une crème fouettée légèrement sucrée.

teau pour un thé copieux. La reine mère est une gourmande, c'est inscrit sur sa figure. Tout en racontant à Charles et aux enfants l'histoire de leurs ancêtres (elle avait un an quand la reine Victoria est morte), elle croque voluptueusement dans les petits fours et autres cakes que lui prépare chaque jour son cuisinier. Assise près d'elle, de temps en temps, Lady Formoy ajoute un détail à l'histoire. Les journées passées chez leur grand-mère sont pour Charles et sa femme de bonnes et chaleureuses journées.

Mis à part le week-end où ils y sont toujours présents, le couple princier retourne certains soirs dîner à Balmoral. Après le repas où l'on aura échangé le saumon contre un poulet chasseur, la famille n'aime rien tant que les charades et les jeux de société. Et c'est là que Diana s'ennuie ferme. Autant son mari adore jouer des petits sketches, la pantomime et autres rites de boy-scout, autant elle préférerait regarder un bon film à la télé ou passer sa soirée dans une boîte. Il n'y a pas de boîte de nuit autour de Balmoral. De temps en temps seulement, la reine demande à son joueur de cornemuse de se transformer en projectionniste. Et l'on regarde un bon vieux film américain des années cinquante. Charles ne refuse jamais, il adore toutes les vieilles stars hollywoodiennes.

La reine vivra à Balmoral jusqu'à la mi-octobre, mais Charles et Diana ne restent jamais aussi longtemps en Écosse. Diana, qui ne chasse ni ne monte, y devient claustrophobe et s'y gèle. Elle a beau inviter ses amis, ses proches, elle préfère de loin Highgrove ou Londres aux landes désertiques sous un ciel plombé. Et puis, il y a l'école de William, il faut préparer la rentrée, peut-être n'a-t-elle plus rien à se mettre pour ses prochains voyages. Allez, on rentre en faisant un détour par High-

Pudding d'été

(Pour 4 personnes)
1 pain de mie en tranches - 1 livre de framboises - 1/2 livre de groseilles - 1/2 livre de sucre en poudre

Dans une casserole à fond épais faire cuire ensemble les fruits et le sucre à feu doux et sans rajouter d'eau. Retirer la croûte des tranches de pain de mie. Utiliser un moule à pudding ou un petit moule à charlotte. Déposer les tranches de pain au fond et tout autour du moule en faisant bien attention de ne pas laisser d'interstices d'où le jus des fruits pourrait s'écouler. Remplir avec les fruits et garder le jus en réserve. Placer un poids sur la préparation pour bien l'écraser. Laisser au réfrigérateur toute une nuit. Démouler et couvrir alors le pudding avec le jus des fruits.

Cette étonnante recette du passé, typiquement britannique, peut aussi se faire avec de la confiture aux quatre fruits rouges (framboise, fraise, groseille, cassis).

grove pour que Charles puisse participer à l'un des derniers matches de polo de la saison.

On a beaucoup raconté que Diana détestait le polo de son mari. Ce n'est pas vrai, elle déteste monter à cheval, nuance, et de toute façon on n'a jamais vu une lady participer à un match, tout au plus est-elle là pour encourager son chevalier servant. Chose que Diana sait faire avec beaucoup d'humour. Que Charles tombe et on la verra lui masser les reins affectueusement. Qu'il gagne et elle l'embrasse sur la bouche fougueusement et en public, sans omettre de lui donner sa coupe de vainqueur. Charles profite des occasions qui lui sont offertes pour tapoter le derrière de sa femme qui se laisse faire comme si de rien n'était. Qui oserait dire que ces deux-là ne s'entendent pas ?

C'est à Ascot que Sarah Ferguson et Diana devinrent amies et confidentes. Elles se connaissaient depuis l'enfance, s'étaient perdues de vue. Diana n'a jamais fréquenté les tournois de formule 1, mais le père de Sarah étant l'entraîneur de polo de Charles, Diana et Sarah ne pouvaient que se retrouver, ce qu'elles firent très vite. Alors que Diana n'était que fiancée, Sarah l'épaula beaucoup dans ces moments de mise à l'épreuve et Diana lui donna son amitié, inconditionnelle. Depuis, elles ne se quittent plus. A elles deux elles rajeunissent la cour d'Angleterre de la plus formidable façon, avec des personnalités bien différentes mais diablement complémentaires. Diana est chic, Sarah est nature mais s'habille mal. Diana est une maniaque de la ligne, modèle vivant du « quand on veut, on peut ». Elle, la gourmande, la dingo des chocolats, passe sa vie à se restreindre. Sarah, bien qu'ayant fait un régime récemment, attache beaucoup moins d'importance à sa ligne. Diana, avec ses airs sages, sa grande classe (même enfant ses sœurs la surnommaient « la duchesse ») donne le ton de la royauté. Sarah avec ses grands

Gâteau d'anniversaire de Diana enfant

(Pour 6 à 8 personnes)
6 œufs - 175 g de farine tamisée - 175 g de sucre en poudre - 1/2 petite cuillerée d'essence de vanille - 2 cuillerées d'eau tiède

Garniture

125 g de sucre en poudre - 4 jaunes d'œufs - 1/4 litre de lait bouillant - 250 g de beurre - 1 cuillerée à soupe d'essence de vanille - 1 livre de fraises nettoyées et équeutées

Préchauffer le four à 220°. Beurrer deux moules à quatre-quarts et les saupoudrer d'une cuillerée à soupe de sucre en poudre. Le sucre doit coller aux parois. Battre ensemble œufs et sucre en poudre jusqu'à ce que la préparation fasse ruban et prenne une couleur jaune pâle. Verser la farine dans un grand plat creux, faire un puits. Ajouter ensemble les jaunes d'œufs, l'eau tiède, l'essence de vanille et mélanger rapidement le tout jusqu'à l'obtention d'une pâte lisse et molle. Verser dans chaque moule. Enfourner pendant 15 à 20 minutes. Vérifier avec la pointe du couteau que les gâteaux sont cuits à l'intérieur. Démouler. Laisser refroidir sur une grille. Pendant ce temps préparer la garniture.
Battre les jaunes d'œufs avec le sucre jusqu'à l'obtention du ruban de couleur jaune pâle. Tout en continuant de tourner rapidement ajouter peu à peu le lait chaud. Verser en casserole à fond épais. Mélanger avec une cuillère en bois sur feu très doux jusqu'à ce qu'une crème bien lisse recouvre la cuillère. Placer la casserole dans l'eau froide et fouetter la crème jusqu'à ce qu'elle soit tiède, presque froide. Mettre la crème dans le mixer, y ajouter le beurre ramolli et l'essence de vanille. Mixer.
Couper les gâteaux en deux dans le sens de la largeur. Étaler la crème sur une première face et disposer les fraises coupées en deux. Recommencer l'opération deux fois. Empiler les tranches de gâteau les unes sur les autres. Décorer le dessus avec le reste des fraises.

Voici le gâteau chéri des *nannies* (nurses) anglaises. Celle de Diana ne dérogea pas à la règle.

rires et ses manières qui frisent parfois la vulgarité est de plain-pied avec le petit peuple de l'East End. La Statue Déifiée et la Bonne Nature. De sacrées bonnes femmes l'une et l'autre. La reine peut être satisfaite de ses belles-filles ; on n'a pas fini de les voir se disputer gentiment le cœur du public.

Automne

AUTOMNE, saison des fruits, mois de la chasse. Temps des balades à travers bois et des lectures au coin du feu. Entre l'été des canicules et l'hiver des frimas, c'est le temps béni des récoltes des derniers après-midi de soleil, la parenthèse accomplie, le temps des équilibres. Automne. Saison de Charles.

Longtemps, pour l'amour de Di, il a abandonné la chasse au faisan, au lièvre ou à la bécasse, la chasse au fusil. Mais jamais au grand jamais Charles ne refuserait une belle partie de chasse à courre. Fleuron de la campagne anglaise, la chasse à courre n'est pas un sport réservé aux seuls aristocrates. Bien sûr, ce sont les lords et autres ducs qui prêtent leurs terres, entretiennent la meute, reçoivent au thé après la partie. Mais les agriculteurs et éleveurs de la région se joignent avec enthousiasme à cette course au cerf qui se réduit le plus souvent à une course au renard. Régulièrement, les associations d'écologistes, de défenseurs des animaux et autres protecteurs de la nature, dénoncent ces cruelles poursuites où « l'animal n'a pas une chance ». Ce qui n'est pas tout à fait vrai. Premièrement, et contrairement aux Français, les Anglais conservent vierges et sauvages des bois entiers pour permettre à la faune de se reproduire tout à son aise. Deuxièmement, dans toute chasse à courre digne de ce nom c'est l'animal faible ou malformé que l'on poursuit pour conserver la race dans toute sa splendeur. Troisièmement enfin, bien souvent l'animal n'est même pas au rendez-vous et les chasseurs rentrent bredouilles la plupart du temps. Car il ne suffit pas de débusquer le renard, encore faut-il l'attraper.

Il est 11 heures à Milton Monbray et le pub du village se remplit de vapeur et de cavaliers en ce frisquet matin de novembre. Dehors les chevaux piaffent, la meute dûment gardée reste dans son coin. Certaines dames à jupes longues qui montent encore en amazone bavardent gentiment avec des messieurs sanglés dans leur veste noire en sirotant l'indispensable porto offert par le patron du pub. On repose les verres. Tout le monde en selle. Personne ne songe à attendre Charles, chacun sait que le prince, pour se prémunir des curieux apparaîtra sur son cheval au détour d'un chemin. Les situations théâtrales et romantiques font toujours partie de sa vie. Belle chasse en perspective. La brume qui enveloppe encore la campagne annonce un temps clair.

Organisée par Lord Kings, président de la British Airways, ami du prince, elle va engager les chasseurs dans une vaste balade de plus de 50 kilomètres à travers champs et bois. « Si on a de la chance et que l'on a pisté un renard suffisamment tôt, on peut sauter plus de cent haies dans la journée », remarque avec délectation un amateur cloué au lit pour cause de chute. Vers 13 heures, on change de monture, mais pas question de déjeuner, la chasse n'attend pas. « Charles qui n'a que de vieux chevaux pour la chasse à courre en cherche désespérément de

Potage aux amandes

(4 à 6 personnes)
1 petit poulet - 2 carottes - 8 branches de céleri - 2 oignons - 1 poireau - 50 g de beurre - 50 g d'amandes en poudre - 2 jaunes d'œufs - 150 ml de crème fraîche (facultatif) - sel et poivre

Éplucher et nettoyer tous les légumes. Dans un faitout, mettre les légumes : 2 carottes, 4 branches de céleri, 1 oignon, 1 poireau, sel et poivre, le petit poulet et 1 litre 1/2 d'eau. Faire mijoter à petits bouillons 3/4 d'heure, 1 heure. Laisser refroidir. Dégraisser : retirer à l'écumoire la graisse qui s'est formée sur le dessus. Réchauffer à feu doux.
Hacher l'oignon et les 4 branches de céleri restantes. Faire fondre le beurre en sauteuse, y ajouter céleri et oignon. Faire cuire sans prendre couleur en remuant souvent avec une cuillère en bois. Ajouter les amandes en poudre et laisser mijoter 1/4 d'heure. Passer la soupe au mixer en y ajoutant les oignons, le céleri et les amandes. Dans une soupière tiède, mélanger 2 jaunes d'œufs (éventuellement la crème fraîche) et une bonne cuillerée de feuilles de céleri hachées. Verser dessus le potage fumant. Servir immédiatement.

nouveaux. Mais ce n'est pas facile car le prince n'est pas le meilleur cavalier du monde. Il a besoin de très bonnes bêtes et elles sont rares. » Le détail est donné en toute confidence et bien vite gommé par un compliment : « Par contre, il excelle au polo. »

Rompus, crottés, bredouilles (le renard a échappé à la meute), mais ravis, les chasseurs s'arrêtent enfin à la nuit tombante. Thé pour tout le monde au château de Belvoir. Le duc de Ruthland qui ne chasse pas, reçoit son monde sans manières autour d'un goûter où l'on engloutit sandwiches toastés et œufs durs. Les courageux sportifs se précipitent sur le darjeeling, « on peut en boire cinq à six tasses d'affilée tant on a soif. » Lorsque la chasse a lieu chez la reine en Écosse, les goûters sont plus copieux mais les chasses plus longues. Charles heureux et détendu aime ces moments où il peut discuter librement avec tout un chacun et surtout les paysans de la région. Diana s'est jointe au groupe. Fin d'un après-midi d'automne.

Dès sa naissance et pour donner le ton, son père le duc d'Édimbourg accroche aux murs de la chambre du bébé Charles trois tableaux au symbolisme révélateur : le premier est un port, le second un dragueur de mines, le troisième un navire dans la nuit.

Il a sept ans lorsqu'il entre à Hill School, école chic et privée. Toute l'Angleterre voit là une démocratisation puisque pour la première fois un enfant royal échappe au précepteur.

Consommé Yvette

(Pour 6 personnes)
1 kg de macreuse - 1 os à moelle - 1 oignon pelé coupé en deux - 1 poireau nettoyé et coupé en 4 - 2 branches de céleri - 1 bouquet garni - 1 petite botte d'asperges - 6 queues de langoustines - 1 petite truffe - sel et poivre

Dans un grand faitout, placer le bœuf, l'os, les légumes et le bouquet garni. Couvrir d'eau froide et faire cuire à feu doux. Au premier bouillon écumer. Recommencer l'opération plusieurs fois en cours de cuisson. Laisser cuire à petits bouillons pendant deux heures. Clarifier le bouillon à travers une mousseline. Au moment de servir, réchauffer le bouillon et verser dans des tasses individuelles déjà garnies de têtes d'asperges cuites (voir méthode page 65), de queues de langoustines cuites et coupées en petits morceaux et d'une petite tranche de truffe.

Melon aux crevettes

1 petit melon par personne - 50 g de crevettes décortiquées - 1/2 tomate bien ferme ou 5 mini-tomates - 1 cuillerée à café de persil haché - 1 cuillerée à soupe de mayonnaise
Multiplier les proportions en fonction du nombre de personnes.

Couper le chapeau du melon en dents de scie et couper un tout petit peu la base sans attaquer la chair pour qu'il tienne bien droit. Creuser le melon à la cuillère pour retirer les pépins. Délicatement retirer la chair par petites cuillerées. Placer la chair et le jus dans un plat creux. Peler les tomates, les couper en dés (inutile pour les mini-tomates), retirer les pépins. Ajouter à la chair du melon. Ajouter les crevettes décortiquées. Mélanger délicatement avec la mayonnaise. Fourrer le melon avec le mélange. Servir bien frais.

Peu savent que Philip son père a demandé que Charles se tienne debout pendant les cours. Puisqu'il aura à le faire souvent au cours de sa vie, qu'il en prenne l'habitude au plus vite. Ainsi dès sa plus tendre enfance, Charles n'oubliera jamais un instant la dure poigne de son père, personnage omniprésent tout au long de ses apprentissages — le père imposant à Charles un combat dont il sortira victorieux. Mais à quel prix !

Deux personnalités diamétralement opposées, face à face : Philip d'Édimbourg est beau, arrogant, sportif, son humour est cinglant, son machisme caricatural. Charles bien qu'assez grand (1,80 m) n'est pas très bien proportionné, son grand nez et ses grandes oreilles lui ont longtemps donné un air de chien battu, il est doux, bon, secret et solitaire. Si près du trône et sachant pourtant qu'il n'y accéderait jamais, Philip d'Édimbourg fut-il jaloux de son fils ? Ou plus naïvement, comme on se plaît à le laisser entendre, a-t-il voulu faire de « son mollasson d'héritier » un homme ? La rivalité n'existe sans doute plus depuis que Charles a deux enfants, mais elle l'a bel et bien entraîné dans des chemins qu'il n'aurait pas choisis de lui-même. Sur les ordres de Philip, à neuf ans, il entre à Cheam, pension où l'on pratique encore le châtiment corporel. Charles y sera malheureux comme les pierres. Nul en cricket, médiocre en foot, il fait perdre son équipe l'année où il en est le capitaine. Il s'intéresse pourtant aux études et se passionne déjà pour l'histoire.

A treize ans, et toujours pour suivre les traces de papa, on l'envoie à Gordonstown. Tout au nord de l'Écosse, l'école est un compromis « entre l'orphelinat victorien et le camp de commando écossais ». Qu'un élève soit bon en littérature et ce sont les maths qu'on l'oblige à travailler, qu'il aime les arts on le propulse dans les branches scientifiques. Lever 6 h 45, douche

Soupe de pommes de terre

(Pour 6 personnes)
1 kg de pommes de terre - 2 cuillerées à soupe de beurre - 3/4 de litre de lait - 3/4 de bouillon de poulet - 2 oignons moyens - livèche hachée - sel et poivre

Faire fondre le beurre dans une casserole à fond épais et faire cuire doucement les oignons émincés jusqu'à transparence. Rajouter les pommes de terre épluchées et émincées. Verser le lait et le bouillon et laisser mijoter une heure en couvrant. Passer la soupe. Réchauffer doucement. Mettre en soupière chaude et rajouter les feuilles de livèche hachées. Servir immédiatement.

C'est sur une suggestion de Charles que le cuisinier de Highgrove a préparé cette recette. Le prince aime à faire pousser dans son jardin aromatique les herbes tombées en désuétude. La livèche en fait partie. Très connue en France au Moyen Age (on utilisait ses graines en dépuratif), la livèche pousse encore à l'état sauvage dans les Alpes et les Pyrénées.

froide, nettoyage du dortoir, petit déjeuner englouti debout et parcours du combattant : cross, marche dans la boue, ravins traversés au bout d'une corde. « Mon cœur saigne pour Charles », s'exclamera un peu pompeusement Lord Rodolph Russell en apprenant que Charles entre dans cette école. Lui-même ex-pensionnaire s'en était enfui deux fois : « J'en garde un souvenir d'horreur absolue. » Charles détesta tout autant son séjour mais ne s'enfuit pas. Tout au plus écrivit-il une lettre désespérée à sa grand-mère. Elle vint le voir, lui expliqua qu'il fallait bien en passer par là et repartit bien vite pour ne pas trop pleurer sur le triste sort de son petit-fils chéri.

Heureusement il y eut une coupure dans toute cette sombre histoire. En fin de scolarité, Charles fut envoyé en Australie. « Cette période reste pour moi un de mes meilleurs souvenirs. » Enfin libre, loin de la presse britannique, il goûtait dans une école ouverte à la pédagogie moderne aux plaisirs des promenades en forêt, des feux de camp et des barbecues. Pendant le week-end, il rejoignait la maison des Checketts qui lui faisaient découvrir les joies d'une vie de famille toute simple. Pour la première fois de son existence, Charles se préparait tout seul ses corn flakes et jouait même les baby-sitters de temps à autre. Le garçon timide, renfermé qu'il était avec sa tête penchée en avant s'ouvrit au monde et découvrit l'amitié. David Checketts deviendra plus tard son secrétaire personnel.

A dix-huit ans, il entre en faculté. Pas n'importe où bien sûr, à Cambridge au très sélect Trinity College. Cela ne se fait pas sans quelques grincements de dents, Charles n'a que deux « A levels » alors qu'on en demande bien davantage aux autres étudiants pour avoir le droit de passer le porche. Certains professeurs pensent même qu'il leur faudra adapter leurs cours pour cet élève moyen... A l'étonnement de tous, Charles n'aura pas

Salade mélangée aux avocats

(Pour 4 personnes)
2 avocats - 2 branches de céleri - 2 petites pommes ou 1 grosse - 50 g de cerneaux de noix - sauce au citron

Peler les avocats, les couper en tranches, passer un filet de citron dessus pour les empêcher de noircir. Nettoyer les branches de céleri, les couper en petits dés. Peler et épépiner les pommes, les couper en tranches fines. Mélanger ensemble très délicatement pour ne pas abîmer les avocats. Saupoudrer de cerneaux de noix hachés. Servir la sauce en saucière.

Sauce au citron

2 cuillerées à soupe d'huile d'arachide - 1 cuillerée à café de miel liquide - 1 cuillerée à café de sel - 1/4 de cuillerée à café de poivre blanc - 2 cuillerées à soupe de jus de citron

Mélanger ensemble sel, poivre et jus de citron, ajouter le miel puis l'huile. Servir en saucière.

besoin de ces maternages. Il se passionne pour l'archéologie qu'il laisse tomber au profit de l'histoire car, dit-il, « je vais probablement devenir roi ».

Son sens du devoir ne l'abandonnera jamais. « Que ne ferais-je pour l'Angleterre ? » s'écrie-t-il le jour où, au nom de la vieille Albion il mangea du serpent au fin fond du Népal. C'est vrai, qu'il a bien souvent frisé le ridicule pour obéir aux sacro-saintes règles de la monarchie. Ainsi de son « initiation », à 21 ans, il est proclamé prince de Galles. C'est l'investiture, une cérémonie d'un autre âge, regardée en direct par des millions de téléspectateurs, nous sommes en 1969. Un an auparavant, Mai 68 a enflammé les campus universitaires. Admirons le décalage et la photo qu'il en reste : un jeune homme qui ne paraît pas son âge, on dirait qu'il a quatorze ans. Au ras de ses sourcils une couronne médiévale et bordée d'hermine le coiffe. Sceptre en main, manteau d'hermine sur les épaules, le nouveau prince de Galles a l'air pensif et accablé. Il faut dire que pour venir chercher ce titre purement honorifique, au cœur du Pays de Galles, il a dû subir les alertes à la bombe, les manifestations antiroyalistes et les jets d'œufs sur son carrosse. Il est resté une nuit en prière comme ses plus illustres ancêtres chevaliers. Bizarrement, c'est d'une telle cérémonie qu'est née la popularité de Charles.

On pourrait croire que, fidèle à elle-même et à son sens de la monarchie, la reine seule avait manigancé ce sacre dans cette pompe et dans ce protocole pointilleux. Pas du tout. L'opération fut orchestrée comme une formidable campagne publicitaire par l'un des plus célèbres et des plus discrets *public relations* d'Occident, Nigel Neilson. Neilson qui avant de devenir le conseiller de Charles avait été celui d'Onassis, prit le problème à sa racine : « J'avais devant moi un type de première

Salade Britannia

(Pour 4 personnes)
2 avocats - 2 belles tomates (Marmande) - 1 oignon finement émincé - 1 poignée de feuilles de basilic - vinaigrette au citron

Plonger les tomates 10 secondes dans l'eau bouillante puis tout de suite sous l'eau froide. Les peler et les épépiner. Émincer les tomates. Couper les avocats en deux, retirer le noyau et la peau, les découper en tranches. Arranger joliment sur un plat l'oignon émincé, les tomates et les tranches d'avocats. Hacher les feuilles de basilic et en parsemer les légumes. Verser la vinaigrette au citron sur le tout et servir.

Vinaigrette au citron

1 cuillerée à dessert de moutarde forte - 2 cuillerées à café de sucre en poudre (facultatif) - 4 cuillerées à soupe de jus de citron - sel, poivre blanc - 4 cuillerées à soupe d'huile d'olive

Mélanger ensemble moutarde, sel et poivre, sucre (facultatif), puis le jus de citron, puis, peu à peu, l'huile d'olive. Vérifier l'assaisonnement.

Cette salade fut servie à Charles et Diana sur le *Britannia* puis en Australie le 29 avril 1983 pour le banquet d'adieu.

classe, un produit de superbe qualité, sous-estimé de façon criminelle. On avait trop écrit de sottises dans la presse à propos de cette soit-disant absence de menton, de la taille de ses oreilles qui ressemblaient en fait à celles de toute le monde. J'ai décidé de faire quelque chose. » Et Neilson lança Charles, non pas comme une vulgaire savonnette sur le marché, mais comme une personnalité attachante en faisant ressortir tout ce qu'il y avait de bien dans ce « produit de haute gamme », littéralement. Après qu'il eut appris le gallois trois mois durant pour la fameuse investiture, Charles retourna à Cambridge préparer ses diplômes de fin d'études. On découvrit grâce à un journal estudiantin qu'il savait manier le verbe, et à travers un spectacle auquel fut conviée la presse qu'il aurait pu faire un excellent acteur comique.

Mais pour devenir un parfait héros, il lui fallut encore briller dans les trois armes : terre, mer et air. Habilement dirigée en sous-main par le subtil Neilson, la presse anglaise passa des mois et des années à vanter les prouesses du petit officier qui devenait à une vitesse sidérale « pilote chevronné » d'avions de chasse, capitaine de navire de guerre, plongeur émérite sous les glaces du Grand Nord. Et Charles fit tout cela pour l'Angleterre... et pour que son père le laisse en paix.

Las, il n'était pas encore au bout de ses peines, pour être tout à fait parfait, le prince devait accomplir un dernier effort et convoler en justes noces. Désormais convaincus de « faire du tirage » avec un tel sujet, les médias avaient transformé Charles en play-boy et meilleur parti d'Europe. A lui de trouver sa Belle. On l'y aida énormément et Lord Mountbatten, son oncle et confident, ne fut pas le dernier à tenter de lui jeter sa nièce dans les bras.

Chaque fois qu'on lui parlait mariage, Charles, prudent,

Champignons farcis en gratin

(Pour 4 personnes)
300 g de beaux champignons de Paris - 2 cuillerées à soupe de chapelure - 2 jaunes d'œufs - 2 cuillerées à soupe de yaourt - 1 cuillerée à soupe de persil et ciboulette hachés - 1 gousse d'ail écrasée (Charles n'en mettrait pas) - 300 ml de béchamel au fromage (75 g) - 2 cuillerées à soupe de fromage râpé

Séparer la tête des champignons de leur queue. Nettoyer. Réserver les têtes. Hacher menu les queues. Mélanger avec la chapelure, les herbes, la gousse d'ail écrasée, le yaourt, 1 jaune d'œuf, sel et poivre. Beurrer un plat creux allant au four. Déposer dedans les têtes des champignons creux en l'air. Farcir avec le mélange. Ajouter à la béchamel au fromage un jaune d'œuf et la verser sur les champignons farcis. Saupoudrer de fromage râpé et passer à four préchauffé 1/4 d'heure-20 minutes jusqu'à ce que la croûte soit bien dorée.

Les Wales se font très souvent servir des plats végétariens, à Highgrove aussi bien qu'à Kensington.

répondait d'un ton docte : « Il faut avoir à l'esprit que lorsqu'on se marie dans ma position, la personne que l'on choisit pourra devenir reine un jour. Il est donc nécessaire de préférer quelqu'un qui puisse tenir cette fonction. » Manifestement, le mariage était pour lui un devoir de plus à remplir envers son pays. Un de ses amis expliquait à un journaliste qu'en fait, s'il n'avait tenu qu'à lui, Charles ne se serait peut-être jamais marié : il avait une vie facile et qu'il menait comme il l'entendait, en toute indépendance, toutes les filles à ses pieds, assez d'argent pour partir jouer au polo à l'autre bout du monde, un service impeccable et peu de contrariétés.

« L'amour, expliquait Charles savamment, c'est avant tout une amitié très forte. Il faut partager les mêmes intérêts, les mêmes idées et ressentir une grande affection l'un pour l'autre. Et lorsque vous avez de la chance, vous trouvez une personne attirante physiquement aussi bien que moralement. » Et alors que son père, sa mère et son peuple désespéraient de marier l'héritier, Charles rencontra la chance : Diana vint et fit voler en éclats ses préceptes démodés.

L'homme charme, par sa voix, belle, grave et douce, par sa façon attentive d'écouter qui lui parle, par un humour qu'il pratique avec beaucoup d'élégance. Toujours prêt à rire de lui-même, ses reparties n'agressent jamais les autres. Il laisse à son père les plaisirs oiseux de la muflerie. La dernière méchanceté

Poulet à la Kiev

(Pour 2 personnes)
2 blancs de poulet. Retirer la peau et les aplatir sans les déchirer ni abîmer la chair - zeste râpé d'un 1/2 citron - 2 cuillerées à soupe de jus de citron - 1 cuillerée à soupe de persil haché - 1 cuillerée à soupe de farine - 2 œufs battus - 200 g de chapelure - huile pour friture - sel et poivre

Mélanger le beurre ramolli avec le jus de citron, le zeste râpé, sel, poivre, persil haché. On peut, si l'on veut, ajouter une gousse d'ail écrasée. Tasser le beurre ainsi assaisonné en forme de pain et le mettre au réfrigérateur pour qu'il durcisse. Couper les blancs de poulet en deux dans le sens de la longueur comme un sandwich. Sortir le beurre durci du réfrigérateur, le couper en deux et en mettre un morceau à l'intérieur de chaque blanc de poulet. Refermer les blancs et les fariner légèrement. Les passer dans les œufs battus puis immédiatement dans la chapelure. Les replacer une heure minimum au réfrigérateur avant de les passer en friture 8 à 10 minutes jusqu'à ce qu'ils prennent une belle couleur dorée. Éponger le surplus d'huile sur un papier absorbant. Servir avec un riz beurré et une belle salade verte.

C'est dans les restaurants italiens où va Diana avec ses amies, qu'elle choisit le plus souvent cette recette.

du duc date de son voyage en Chine en octobre 86. Il plaignait grassement les étudiants britanniques en résidence à Pékin d'avoir à vivre dans un tel pays. « Et vous n'avez pas peur de rentrer chez vous avec les yeux bridés à force de manger du riz ? » leur assena-t-il en guise de fine plaisanterie. Charles ne s'autoriserait jamais de tels écarts. Il n'y pense même pas. Il respecte les autres, ce qui ne l'empêche pas de voir, juger et décider de qui sera ou non son ami. Ce prince est décidément très malin. Il eut beaucoup de « fiancées », sans doute autant qu'Andrew-le-ravageur. Mais aucune n'étala ses amours dans la presse. En sachant se taire, elles purent conserver son amitié. Qui de Charles ou de Diana convainquit l'autre qu'ils étaient faits pour s'entendre, qu'elle était la « partenaire idéale » ? Il sortait d'une passion houleuse avec Anne Wallace lorsque la jeune Diana Spencer se mit en tête de consoler et faire rire le prince ténébreux. Elle tomba amoureuse immédiatement. Il fut touché par cette grande fille toute simple aux antipodes des femmes sophistiquées dont il avait l'habitude de s'entourer. Que Diana était charmante avec sa spontanéité de « jeune chiot », cette façon de baisser un peu la tête et de sourire par en dessous, cette faculté de rougir au premier compliment. Pas bêcheuse pour deux sous, elle enfilait ses bottes sans manière pour se planter des heures dans l'eau des rivières, attendant patiemment l'hypothétique saumon. Elle ne rêvait que d'une chose, se marier et faire beaucoup d'enfants. On la comblait de bonheur avec une boîte de chocolats. Elle était mignonne, avait de l'allure. Elle était vierge, de bonne naissance et de surcroît anglaise. Charles hésita beaucoup quand même avant de sauter le pas. Pourquoi ? Se raccrochait-il à une indépendance qu'il savait tôt ou tard condamnée ? Avait-il peur que la charge n'écrase Diana ? Craignait-il les métamorphoses imprévisibles

Canard aux deux sauces

(Pour 4 personnes)
1 beau canard - un peu d'eau de cuisson des légumes servis avec le canard - 1 verre de vin - 1 cuillerée à café de farine de maïs, sel et poivre

Frotter le canard de sel et le piquer tout autour à la fourchette. Mettre à four préchauffé à 200° dans un plat creux. Le canard rend beaucoup de graisse en cours de cuisson. Laisser rôtir 1 h 1/2 environ. Réserver le canard au chaud et préparer les sauces. Clarifier le jus de cuisson en enlevant presque toute la graisse. Dans une casserole faire chauffer le jus. Rajouter la farine de maïs diluée dans un peu de vin. Remuer, rajouter le reste de vin et le jus de cuisson des légumes (un verre). Laisser épaissir en remuant. Vérifier l'assaisonnement. La sauce ne doit pas être épaisse.

Sauce à l'orange

La moitié du fond de sauce - Le jus d'une orange et sa peau pelée finement - 1 verre de cointreau - 2 cuillerées à soupe de vinaigre - 2 cuillerées à soupe de sucre glace

Dans une petite casserole à fond épais verser le vinaigre et le sucre glace. Faire bouillir et retirer du feu dès que la caramélisation commence. Ajouter le jus d'oranges et le fond de sauce passé. Tourner, ajouter le Cointreau, tourner. Couper la peau de l'orange en lamelles. Les faire blanchir. Égoutter, les ajouter à la sauce. Vérifier l'assaisonnement. Réchauffer doucement et servir en saucière.

Sauce aux pommes

1 livre de pommes - 1 petite peau de citron - 2 cuillerées à soupe de sucre en poudre - 1 cuillerée à café de beurre

Peler et couper les pommes. Verser dans une casserole avec 1/4 de verre d'eau, le beurre, le sucre et la petite peau de citron. Laisser cuire à feu doux jusqu'à ce que les pommes soient bien molles. Écraser les pommes en purée. Servir chaud ou froid.

mais possibles de sa future femme ? Eh, oui ! Il avait tout cela en tête le prince le moins idiot de la terre. Qui eût pu imaginer les transformations quasi instantanées de la jeune lady bien élevée en princesse super-star ? Lui, sans doute.

Il se maria donc en toute connaissance de cause. Et entraîna sa femme dans ses formidables visites à travers la Grande-Bretagne et le monde. Diana se jeta dans le travail avec enthousiasme. Car ils ne font pas que paraître. Charles se soumet sagement aux visites officielles mais ses intérêts sont ailleurs. Très honnêtement concerné par l'avenir de son pays, il ne refuse jamais d'en être l'ambassadeur : « Nous sommes un peu comme des super-représentants de commerce. Et si une de nos apparitions dans un pays étranger aide aux échanges commerciaux de la Grande-Bretagne, tant mieux, nous avons rempli notre contrat. »

Mais il a d'autres intérêts en tête : les jeunes surtout. Deux plaies endémiques l'obsèdent : le chômage et le racisme. Comme il n'a surtout pas voix au chapitre politique, il a contourné la difficulté en fondant des œuvres de charité. Tous les membres de la famille royale croulent sous les patronages de bonnes œuvres. Charles a décidé de transformer les siennes en affaires rentables. Mis à part toutes les associations qu'il préside rien qu'en y apposant son nom, il a lui-même plusieurs « trusts » pour aider les handicapés, les chômeurs, les délinquants, les

Pintade à la géorgienne

(Pour 4 personnes)
1 belle pintade - 125 g de beurre - 1 verre de cognac - 1 bouteille de bourgogne - le jus d'un citron - 20 oignons grelots ou oignons de printemps - 125 g de poitrine fumée coupée en lardons - 1 cuillère à soupe de sucre en poudre - 225 g de très petits champignons - 1 gousse d'ail écrasée (facultatif) - sel et poivre

Faire fondre la moitié du beurre (on peut faire moitié beurre moitié huile) dans une cocotte en fonte. Faire dorer en même temps la pintade et les lardons. Hors du feu verser le cognac, remuer, flamber. Quand la flamme est éteinte, ajouter la moitié de la bouteille de bourgogne, le jus de citron, sel, poivre et l'ail écrasé. Couvrir, remettre sur le feu et laisser mijoter 1 h 1/2. Ajouter un peu de bourgogne en cours de cuisson si nécessaire. Pendant ce temps-là, peler les oignons, nettoyer les petits champignons et couper le pied au ras du chapeau. Faire revenir les champignons dans un peu de beurre jusqu'à ce qu'ils aient perdu leur eau et les ajouter à la pintade. Faire revenir les oignons dans un peu de beurre, saupoudrer de sucre en poudre et laisser caraméliser. Prendre un peu de jus de la cocotte, rajouter aux oignons et laisser cuire encore jusqu'à ce qu'ils soient bien tendres. Les verser en cocotte. Quand la pintade est prête, la sortir de la cocotte, la mettre sur un plat de service chaud entourée des oignons, champignons, lardons. Réduire le jus de cuisson en augmentant le feu. En verser un peu sur la volaille et le reste en saucière.

Cette très vieille recette est servie dans la famille royale depuis plus de 200 ans. Les pintades, autrefois sauvages, sont désormais « d'élevage » !

jeunes qui veulent créer une entreprise, etc. Grosso modo, il regroupe tout cela sous le générique de « Prince's Trust ». D'un côté il ramasse le plus d'argent possible pour faire tourner sa boutique en organisant des dîners, des concerts pop, il écrit aussi des livres pour enfants, lui et Diana viennent d'accepter deux interviews télévisées immédiatement transformées en deux énormes livres bourrés de photos. Une partie des droits mondiaux sont versés dans le Trust. De l'autre, il soutient les projets, provoque les enthousiasmes, encourage les initiatives. Et il veut que tout cela soit ouvert, facile d'accès, dépouillé au maximum des paperasseries et autres bureaucraties. « L'intérêt, dit-il, c'est d'intervenir rapidement quitte à prendre des risques. » Autrement dit, on ne fait pas d'omelette sans casser des œufs. Il entra dans une colère noire — ce qui lui arrive très rarement —, le jour où la presse britannique sauta sur une histoire de vandalisme dans un camp de « vacances-apprentissage » créé à son initiative. « C'est quand même fou cette mentalité. Essayer à tout prix de ne voir que ce qu'il y a de négatif dans une opération. Cela donne une idée du niveau de nos médias ! »

« Small is beautiful », il ne le répétera jamais assez, c'est un peu sa devise. « Nous avons besoin dans ce pays d'une nouvelle révolution industrielle. Les petites entreprises font beaucoup plus appel que les grosses à l'imagination, l'esprit d'entreprise, la souplesse et finissent par générer plus d'emplois. Je sais qu'il existe chez les jeunes un énorme potentiel de talents, de savoir-faire, d'enthousiasme qui ne demande qu'un coup de pouce pour exploser. La renaissance et la survie du pays en dépendent. Mais sans flexibilité ni imagination, nous deviendrons les parents pauvres de l'Europe, une nation de troisième zone. » La presse s'est naturellement précipitée sur la dernière petite phrase. Mais là

Cailles farcies aux pignons et aux marrons chauds

(Pour 4 personnes)

4 cailles - 4 petites branches de thym - le zeste d'une 1/2 orange - le jus d'une orange - 1 cuillerée à soupe d'eau-de-vie - 8 grains de genièvre - 2 cuillerées à soupe de beurre - 2 cuillerées à soupe de pignons - sel et poivre

Préchauffer le four à 200°. Farcir les oiseaux avec une branche de thym, 2 grains de genièvre, 1/2 cuillerée de pignons, le foie de la caille. Saler, poivrer. Dans une cocotte allant au four, faire revenir les cailles dans le beurre chaud jusqu'à ce qu'elles soient dorées sur toutes leurs faces. Ajouter le zeste et le jus de l'orange plus l'eau-de-vie. Couvrir. Mettre au four 20 minutes. Retirer alors le couvercle, bassiner les cailles avec leur jus et remettre au four sans couvercle encore 5 à 10 minutes. Servir en plat chaud les cailles recouvertes de leur jus.

Marrons chauds

1/2 livre de châtaignes - 1 branche de céleri - 1 bouquet de persil - 1/4 de litre de jus d'orange - 1 cuillerée à café de beurre - sel et poivre

Inciser chaque châtaigne. Mettre sur la grille à four très chaud et retirer 8 à 10 minutes plus tard quand la peau éclate. Peler les châtaignes encore chaudes. Dans une casserole à fond épais faire cuire doucement les châtaignes avec le jus d'oranges, le céleri et le persil, sel, poivre. Laisser mijoter 1/4 d'heure. Retirer le céleri et le persil. Monter le feu pour faire réduire la sauce. Ajouter le beurre. Remuer doucement la casserole pour bien imprégner les châtaignes. Les marrons sont prêts quand il ne reste pratiquement plus de sauce. Servir avec des haricots verts et des pommes allumettes ou du chou rouge et des pommes sautées.

le prince se fiche comme d'une guigne du scandale qu'il provoque... Le message est passé.

Concrètement, les jeunes qui ont des idées et pas un sou peuvent écrire au Trust et soumettre leur projet. Si le comité trouve le dossier solide, il envoie très vite de l'argent et des conseils. Ainsi deux frères ouvrirent leur boulangerie-pâtisserie grâce au Trust. Charles leur commanda le gâteau d'anniversaire pour les un an de William : « Faites-lui un genre quatre-quarts, il l'engloutira d'autant plus facilement. » Il permit à un jeune photographe de débuter dans le métier en lui donnant une bourse et un boîtier : « Mais que je ne vous voie pas rôder autour d'Highgrove pour prendre la princesse en photo » ; Charité, *O.K.*, mais sans jamais se départir de son humour, *never*.

De temps en temps, Charles a des récompenses. Ainsi lorsqu'en juillet 86 il retourna dans un ghetto noir de Birmingham. Il y avait été un an auparavant, alors que le quartier était en pleine émeute. Sensibilisé, il avait pu parler avec quelques jeunes Pakistanais. Avec l'aide du Trust, ils avaient mis sur pied une petite entreprise de prêt-à-porter exotique. Ce jour d'été, il fut accueilli avec ferveur et la radio locale ne tarit pas d'éloges : « Charles, le prince qui prend les choses à cœur, l'homme qui ne fait pas que parler mais qui agit. » Parce qu'il a osé s'aventurer dans les coins de l'Angleterre en pleine ébullition raciale, il a conquis sa popularité auprès de la communauté noire : « Vous êtes l'homme qu'il nous faut, vous êtes l'homme qu'il nous faut. Nous sommes fiers de vous », répétait un jeune Antillais sur son passage.

Il aimerait insuffler aux jeunes son sens civique. Pour cela il a fondé une association qui encourage tous les volontaires à travailler pour la communauté. On y apprend le secourisme

Salmis de faisan

(Pour 4 personnes)
1 faisan - 1 oignon - 2 carottes - 1 branche de céleri - 1 gousse d'ail (facultatif) - 1/2 bouteille de vin rouge - 1 cuillerée à soupe de gelée de groseilles - 1 bouquet de persil, marjolaine, thym - 3 tranches de pain de mie - 2 cuillerées à soupe de beurre - sel et poivre

Placer le faisan dans un plat à rôtir, couvrir avec du papier sulfurisé beurré et mettre à four chaud (200°) une heure. Quand le faisan est cuit, retirer toutes les chairs et les réserver au chaud. Ajouter une bonne cuillerée à café de farine au jus de cuisson et faire cuire quelques minutes sans cesser de remuer à la cuillère en bois. Émincer les légumes, hacher les herbes et l'ail et ajouter au jus de cuisson. Verser le vin, saler, poivrer. Laisser cuire à feu doux en remuant de temps en temps jusqu'à ce que les légumes soient bien cuits. Passer la sauce au chinois et y mélanger une cuillerée de gelée de groseilles. Verser un peu de sauce sur les salmis de faisan et le reste en saucière. Couper la croûte des tranches de pain de mie et couper chaque tranche en diagonale. Les faire dorer au beurre. Les déposer tout autour du plat. Servir immédiatement. On peut accompagner ce plat de petits choux de Bruxelles.

pour s'engager ensuite chez les pompiers, on y devient aide bénévole dans une maison de retraite.

« A mon avis, il est important que des gens venus de tous les horizons travaillent ensemble pour une cause commune même si ce n'est que pour une période limitée. » Cela s'appelle « souder la nation ». On peut parler de démagogie tant qu'on voudra, de goutte d'eau dans l'océan, qu'importe. Ce qu'il fait fonctionne. Après tout, « small is beautiful » et c'est toujours mieux que rien. La grande peur de Charles étant de n'avoir rien à faire, de ne servir à rien quand il y a tant de possibles.

Il force le respect. Non parce qu'il est un grand de ce monde ou prince ou futur roi. Mais il incarne le civisme à l'état pur. Pas le civisme héroïque, brillant éclatant des « Morts pour la Patrie », le quotidien, à la petite semaine, celui qui marche pas à pas un peu gris, un peu terne, fait de poignées de mains, de rubans à couper sans espoir de siège à gagner. Toute ambition politique lui est interdite. Le but majeur, dépasser tout le monde, il n'a eu qu'à naître pour l'obtenir. Quand il se dit concerné par son pays, on peut le croire. « Je n'ai pas un job, j'ai un rôle. »

Diana aussi. En cinq ans, elle préside déjà plus de 40 associations, la plupart d'entre elles concernent les enfants et les vieillards. C'est Bruce Oldfield, son couturier, qui lui a parlé du centre du docteur Bernardos. Bernardos se dévoua sa vie durant dans son centre pour enfants « perdus ». Gosses abandonnés, gamins autistiques, petits handicapés, il recueillit les « sans-avenir », les paumés d'avance. Bruce Oldfield grandit et devint la personnalité que l'on sait. Il n'oublie jamais le centre ni son action. Diana et lui organisent chaque année un bal, une fête, un dîner très cher pour financer l'œuvre de Bernardos. Dès qu'elle va en Irlande, Diana passe faire un

Rosbif et Yorkshire pudding

(Pour 8 personnes)
2 kg de rosbif à l'os ou une côte de bœuf - 100 g de farine - 2 œufs - 1/4 de litre de liquide, moitié eau, moitié lait - un peu d'huile d'arachide - sel et poivre

Mettre le rosbif dans un plat en terre et faire rôtir à four chaud 200° pendant 50 minutes.
Préparer le Yorkshire pudding.
Dans le mixer, mettre la farine, les œufs, l'eau, le lait et une cuillerée à soupe d'huile, et mélanger à la vitesse maximale jusqu'à ce que la pâte soit bien onctueuse. Huiler des petits moules à soufflé individuels et les mettre quelques minutes au four jusqu'à ce que l'huile soit chaude. Verser la pâte dans les moules et remettre au four 1/2 heure, jusqu'à ce que les puddings aient levé et soient dorés.

Plat traditionnel dominical en Grande-Bretagne, le rosbif et Yorkshire pudding est servi avec des pommes de terre rôties et deux légumes, carottes et haricots verts ou chou vert ou brocolis. La famille royale ne manque pas à la tradition, évidemment.

tour au Centre. Son amour pour les enfants est évident, naturel, sans calcul.

En juin 1983 elle et son mari sont en tournée au Canada. Poignées de mains, bains de foule et ces enfants qui toujours se précipitent sur elle pour l'embrasser, la toucher, lui parler. A Harbour Grace, un petit garçon comme tant d'autres lui offre un bouquet de fleurs. Elle se penche, le remercie et poursuit sa route. Le ministre canadien qui l'accompagne lui explique plus tard que ce petit-là s'appelle Edward et qu'il est aveugle. Diana est désolée, elle n'avait pas remarqué. Après le déjeuner, nouveau bain de foule à la sortie. Et là, au milieu des milliers de gens qui se pressent pour la voir, elle repère Edward. Elle fonce droit sur lui, s'accroupit et lui parle : « Il était vraiment joli ton bouquet, tu sais. Veux-tu savoir comment je suis habillée ? Je porte un manteau bleu avec de gros boutons. Tiens, touche, tu sens comme le tissu est chaud ? » Le petit aveugle s'en souviendra toute sa vie : « Elle a guidé mes mains sur ses jambes, sur ses chaussures, elle a pris mes mains dans les siennes. Nous étions si près l'un de l'autre que j'aurais pu toucher son visage. » Il n'a pas osé. Il n'a pas osé l'embrasser non plus. Elle le lui avait pourtant proposé, ce qui n'est pas dans ses habitudes : « Vous êtes supposé me serrer la main », lance-t-elle acidement quand un adolescent lui claque d'autorité un baiser sur la joue. Elle fit voir à Edward de quoi est faite une princesse. Elle apprend le langage des sourds-muets pour leur parler. Parfois sa gentillesse l'entraîne trop loin, vers une magie qui lui fait peur.

Dans un hôpital anglais, une petite fille inquiète les médecins. Accidentée de la route, elle est en état de choc et refuse d'ouvrir les yeux. Aucune lésion physiologique ne l'en empêche. Psychologues, médecins, infirmières ont tout tenté, la

Agneau piri piri

(Pour 8 personnes)
1 gigot d'agneau - 1 cuillerée à soupe d'origan haché - 2 gousses d'ail (facultatif) - 1 cuillerée à soupe de concentré de tomates - 2 cuillerées à café de sauce piri piri ou de sauce au piment - 1 cuillerée à soupe de sauce tomate - 1 cuillerée à soupe de miel - 1/2 cuillerée à café de moutarde - 2 verres de vin - sel et poivre

Mélanger ensemble tous les ingrédients sauf le vin et étaler la pâte obtenue sur le gigot. Envelopper le gigot dans une feuille de papier aluminium et placer dans un plat allant au four. Verser 2 verres d'eau dans le plat. Mettre à four préchauffé à 180° en comptant 20 minutes par livre et 20 minutes de plus. 1/4 d'heure avant la fin de la cuisson retirer le papier d'aluminium et le jus de cuisson. Remettre le gigot au four pour qu'il prenne couleur et faire refroidir le jus. Retirer l'excès de graisse du jus formé et verser en saucière. Y verser également le jus donné à la coupe. Ajouter le vin blanc au jus.

gamine refuse de voir. Diana s'assied sur le bord de son lit comme elle le fait si souvent et lui parle gentiment, doucement. Et la gamine la regarde. Personne n'a eu le mauvais goût de crier au miracle. Mais l'enfant venait de conférer à la princesse un pouvoir qu'elle refuse. Elle veut bien aider, compatir, apporter un peu de soleil dans l'eau froide de ceux qui vivent dans le glauque. Mais elle ne sera pas la madone des guérisseuses.

D'une féerie l'autre. Celle beaucoup plus prosaïque d'un dîner mondain à Buckingham. On s'y plie de bonne ou de mauvaise grâce. Charles et Diana s'y plient. Et c'est toute une épopée. Un show à la mesure de la royauté britannique. Dans l'arrière-boutique, tout démarre des mois à l'avance avec le lancement des invitations. Que du beau linge trié sur le volet évidement. Véritable casse-tête chinois pour les secrétaires privés du palais et autres attachés de presse : il ne faut oublier personne. Ni le prix Nobel de l'année, surtout s'il est anglais, gallois ou écossais, ni le représentant de l'Église anglicane, ni le héros qui a sauvé du feu trois orphelins, ni la star du jour, ni les militaires, ni... Cela nous fait tout de suite 150 personnes à table.

Le jour du grand jour, les cuisiniers sont en ébullition dès l'aube, ils fabriquent tout sauf le pain, les valets laborieux comme des abeilles montent et descendent des sous-sols, où sont entreposés la vaisselle d'or et les couverts, à la salle de bal où se tiendra le dîner. La table est immense et en fer à cheval.

Haddock parmentier des Ghillies

(Pour 6 personnes)

1 livre de filet de haddock fumé - 125 g de crevettes décortiquées - 4 tomates pelées et concassées - 1 cuillerée à soupe de farine - 1 cuillerée à soupe de beurre - 1/2 litre de lait - 100 g de champignons de Paris - 1 cuillerée à soupe de persil - 100 g de fromage râpé - 1 cuillerée à café de moutarde - 500 g de purée de pommes de terre - 1 œuf battu - 1 cuillerée à café rase de sucre en poudre - 1 petit morceau de beurre supplémentaire pour la purée et les champignons - sel et poivre

Pocher le haddock dans le lait bouillant. Retirer le poisson et l'émietter. Réserver le lait. Dans un plat creux allant au four, légèrement beurré, déposer les miettes de haddock. Ajouter les crevettes décortiquées. Nettoyer les champignons, les émincer et les faire fondre en casserole à fond épais avec un petit morceau de beurre. Cuire jusqu'à évaporation de toute leur eau. Ajouter les champignons au plat puis le persil haché. Avec une cuillerée de beurre fondu dans une casserole à fond épais, préparer la béchamel en rajoutant la farine puis le lait de cuisson du haddock puis le fromage râpé. Vérifier l'assaisonnement. Étaler la sauce dans le plat. Déposer dessus les tomates concassées. Battre l'œuf et un morceau de beurre dans la purée. Étaler la purée sur les tomates. Passer au four préchauffé à 200° pendant 20 minutes.

Recouverte de somptueuses nappes blanches et brodées elle va devenir le théâtre d'une exposition de richesses. A 11 h 30 tout est prêt, la reine peut venir inspecter les détails. Trois assiettes et quatre verres de cristal par invité, couverts en or massif aux armes de la reine, des candélabres lourds comme des trésors d'Orient et qui ont nécessité trois hommes pieds nus pour être délicatement posés sur la table, des bouquets de fleurs assez bas pour qu'ils n'empêchent pas de voir son vis-à-vis. Tout cela disposé avec une rigueur extrême. Un valet a vérifié règle en main que chaque couvert a été placé au centimètre prêt. Une soubrette a embaumé l'air d'eau de toilette à la lavande. Deux fauteuils de bois doré et velour grenat président cette tablée : celui de Sa Majesté et de son invité de marque, c'est-à-dire qu'il n'y a plus de superlatif pour le définir.

A 19 h 45, arrivée des élus qui connaissent la pointilleuse ponctualité de la souveraine et savent que le dîner sera servi à 20 h 15, ils ont donc pris leurs précautions. Dames en robe longue et bijoux de famille si faire se peut, messieurs en habit, ils sont reçus dans le salon où les attendent apéritifs et petits fours salés. Mais de Famille royale, point. La Famille royale attend son tour. Quand il ne manque plus un seul convive à l'appel, un grand pan de mur du salon que l'on croyait inamovible s'écarte et la Famille royale est là, sa reine en son milieu. Tout le monde se lève comme un seul homme saisi par l'apparition. Après de telles mises en scène, Charles et sa mère se plaignent que face à eux les gens ne soient pas très à l'aise : « Ils leur faut bien vingt minutes pour se décontracter un peu ! » Comme on les comprend. Imaginez de recevoir vos amis dans ces conditions.

Léger brouhaha enfin, la Queen Mother virevolte d'un militaire à l'autre pour détendre l'atmosphère et l'on passe aux cho-

Quenelles de truite saumonée à l'aneth

(Pour 5 à 6 personnes)
Pour 10 quenelles environ : 1 livre de truite saumonée - 3 blancs d'œufs - 225 ml de crème fraîche - 1 cuillerée à soupe d'aneth haché - sel et poivre

Retirer la peau et les arêtes de la truite (le poissonnier peut la préparer). Hacher la chair du poisson très finement. Éventuellement recommencer l'opération plusieurs fois. Passer la chair hachée à travers un chinois. Mélanger à la crème fraîche. Assaisonner avec sel, poivre et aneth. En utilisant deux cuillères à soupe, former les quenelles. Pocher les quenelles dans l'eau frissonnante, 10 minutes environ, jusqu'à ce qu'elles soient fermes. Placer les quenelles dans un plat chaud. Décorer le tour du plat de sauce à l'aneth.

Sauce à l'aneth

1 cuillerée à soupe d'aneth haché - 150 ml de crème fleurette - le jus d'un citron - sel et poivre

Mélanger ensemble tous les ingrédients.

ses sérieuses, à table. « Sa Majesté est servie. » Pas de problème pour trouver sa place, deux valets par personne s'occupent de l'ordonnance. Le monarque s'assied, les autres aussi. Et le ballet commence sur fond de musique de chambre exécutée par l'un des orchestre des régiments royaux. Éblouis par tant de faste et de protocole, les convives savent-ils qu'ils sont couvés des yeux par des spectateurs qui se cachent ? Au fond de la pièce et derrière une grille masquée, le personnel qui n'est pas de service et leurs amis se terrent et regardent. Privilège convoité.

En femme pratique, Elizabeth II a discrètement accroché son sac à main sous la table, les autres dames se débrouillent avec leurs pochettes sur les genoux.

Attention, regardez bien il y a des feux rouges dans cette pièce. Le majordome appuie sur les boutons. A l'orange, les valets se mettent au garde-à-vous, au vert ils foncent et vous offrent le potage. Quand la reine, servie en premier, bien sûr, a vidé son assiette, elle attend patiemment, jette un coup d'œil circulaire et repose sa cuillère. Coup d'envoi pour un nouveau feu vert. Arrive la mousse de saumon, délice des princes, servie avec un bordeaux blanc. On se détend un peu et l'on se chuchote des petites conversations à bâtons rompus sans bruit. S'il vous plaît ne fumez pas, d'ailleurs il n'y a pas de cendrier. Admirez plutôt cette merveilleuse selle d'agneau que vous offre la souveraine. Tirée de l'arrière-train d'un de ses moutons d'Écosse, voilà son plat favori. Et qui plus est servi avec des petits légumes tout frais cueillis des terres de Windsor. Bourgogne pour apprécier. Salade sans fromage, puis dessert au champagne. Un dessert souvent glacé ou une charlotte aux fruits pour faire plaisir à grand-maman. Au total, un menu léger qui n'a plus rien à voir avec l'enfilade des douze plats qui auraient été servis sous le règne de

Tarte aux poireaux

(Pour 4 personnes)
250 g de farine - 1/2 livre de beurre - 1 pincée de sel - un peu d'eau gazeuse selon besoin - 1 livre de blancs de poireaux émincés - 1 cuillerée à soupe de beurre - 3 œufs - 25 cl de crème fraîche (un pot moyen) - 1 pincée de noix de muscade râpée - 2 cuillerées à soupe de fromage râpé - sel et poivre

Mélanger ensemble la farine, le sel et le beurre ramolli jusqu'à ce que la pâte fasse des petits morceaux. Ajouter un peu d'eau gazeuse pour former une boule. Laisser reposer la pâte une heure au réfrigérateur, enveloppée dans un film de plastique. Étaler la pâte sur le plan de travail légèrement fariné. La déposer dans un moule à tarte beurré et légèrement fariné. Piquer le fond à la fourchette. Déposer au fond de la tarte une feuille d'aluminium et recouvrir de pois chiches pour empêcher la pâte de gonfler. Mettre au four préchauffé à 180° pendant 20 minutes.
Pendant que la pâte cuit, faire revenir les blancs de poireaux émincés dans une sauteuse avec le beurre. Maintenir à feu doux jusqu'à ce que les poireaux aient fondu, en remuant souvent à la cuillère en bois. Mélanger ensemble les œufs, la crème fraîche, le sel, le poivre. Hors du feu mélanger ensemble les poireaux et la crème. Verser dans le fond de tarte. Saupoudrer de fromage râpé et remettre à four chaud à 190° pendant 20 minutes, une demi-heure jusqu'à ce que la tarte ait pris couleur et que le flan ait gonflé.

Charles et Diana, qui commandent régulièrement cette tarte à leur cuisinier pour le déjeuner, l'accompagnent d'une belle salade verte. Poireaux et salades arrivent directement du jardin de Highgrove.

Victoria. Quoique arc-boutée sur ses traditions, la royauté s'adapte même, et surtout, à la cuisine moderne.

Alors voilà venu le moment d'une joliesse. En même temps que le café, que la reine boit avec lait mais sans sucre, Philip avec sucre mais sans lait et que Charles ne boit pas du tout, on vous offre des petits fours présentés dans des petits paniers de sucre filé. Ils sont tellement jolis qu'on oserait bien en demander un rien que pour soi. On n'ose pas c'est interdit. Mais sachez tout de même que rue du Château à Paris il est un artiste pâtissier monsieur Tholoniat, qui fabrique pour Sa Majesté des bouquets de fleurs en sucre. De vrais chefs-d'œuvre.

La reine a la parole, c'est le speech final. Elle n'aime pas beaucoup cela mais si elle ne faisait que ce qu'elle aime, elle serait *gentlewoman* dans ses terres et il n'en est pas question. L'invité d'honneur bafouille gentiment un petit compliment et tout le monde passe au salon pour le digestif, les cigares en barreau de chaise ou les longues cigarettes anglaises. Pensez que la reine ne s'éternise pas dans ces endroits enfumés. Sans prétexte elle s'éclipse. Et vous, débrouillez-vous pour filer à l'anglaise dès qu'un autre membre de la Famille royale quittera la pièce. Ce fut donc une bonne et belle soirée. Une corvée pour la reine, elle en préside à peu près 70 par an. Elle a donc quelques excuses à ne pas s'attarder le soir.

Diana ne sera jamais à l'abri d'une catastrophe. Depuis deux

Meringue aux pommes et aux noisettes

(Pour 4 à 6 personnes)
4 blancs d'œufs - 1/2 livre de sucre en poudre - quelques gouttes d'essence de vanille - 1 cuillerée à café de vinaigre - 125 g de noisettes moulues - 1 pincée de sel

Garniture

1 livre de pommes épluchées nettoyées et coupées en morceaux - 3 cuillerées à soupe de sucre - 2 cuillerées à soupe de marmelade (confiture d'oranges) - un peu d'eau

Beurrer et fariner légèrement deux moules à manqué de même taille. Préchauffer le four à 180°. Battre les blancs d'œufs en neige avec une pincée de sel jusqu'à ce qu'ils soient bien fermes. Rajouter le sucre peu à peu tout en continuant à battre. Mélanger le vinaigre et l'essence de vanille, mélanger à la meringue, ajouter les noisettes moulues. Verser à parts égales dans chaque moule et mettre au four une 1/2 heure. Démouler soigneusement et laisser refroidir sur une grille.
Dans une casserole à fond épais faire cuire les pommes avec 3 cuillerées de sucre en poudre et un peu d'eau. Écraser en purée. Ajouter la marmelade et tartiner en sandwich les meringues. On peut décorer la meringue en disposant des noisettes entières tout autour.

mois elle préparait avec ses couturiers sa garde-robe pour son voyage dans les pays du Golfe. Elle croyait, la naïve, avoir pensé aux moindres détails : « Pas de robe à pois, surtout ! » s'était-elle exclamée devant les caméras. (En quoi les Arabes ne supportent-ils pas les petits pois sur les robes reste un mystère). Les stylistes semblaient avoir compris le message : il lui fallait des tenues qui cachent ses genoux, ses coudes et son cou, mais que l'on pourrait facilement transformer dès son retour, qu'elle n'ait pas trop l'air engoncé lors de son prochain dîner londonien. Et voilà que la veille de son départ pour Oman, la presse anglaise lui tire le tapis de sous les pieds : « Les robes de Diana passeront-elle la douane ? Elles ont été dessinées par des couturiers d'origine juive. Tous les produits juifs sont bannis en ces contrées du Moyen-Orient ! » Et toc ! Victor Edelstein, Jacques Azagury, Elizabeth Emanuel allaient-ils devoir remballer leurs chiffons ? « Faites comme les femmes d'émir qui viennent à Londres faire leurs courses chez Marks and Spencer, retirez les étiquettes », conseilla par voie de presse une hôtesse de l'air d'Arabie Saoudite. Diana ne changea rien à ses plans. Mais lors du voyage, en décrivant ses tenues, la presse se garda bien de mentionner par qui elles avaient été créées.

En ce 10 novembre 1986, Charles et Diana rendent visite aux rois du pétrole pour remettre un peu de baume sur des relations diplomatiques tendues. D'ores et déjà, ils savent que le prince Abdullah a pris un malin plaisir à partir en vacances aux Îles Canaries, précisément pendant leur séjour dans son pays. Trente et un infirmiers britanniques viennent d'être expulsés huit jours plus tôt d'Arabie Saoudite pour avoir bu de l'alcool au cours d'une soirée. De plus Sir James Craig, un ambassadeur en partance pour la retraite, vient de déclarer tout haut ce qu'il pensait depuis longtemps tout bas, à savoir que les Saou-

La gourmandise de Charles

1 livre de très belles quetsches - 1 bouteille de cherry

Remplir un bocal en verre de belles quetsches nettoyées. Verser le cherry par-dessus et bien fermer le bocal. Un jour plus tard rajouter des prunes et du cherry dans le bocal. Recommencer encore 3 fois de suite, de jour en jour. Bien refermer le bocal et servir l'année suivante.

Quand Charles était pensionnaire à Gordonstown, il partit un jour en voyage avec son groupe sur l'île de Lewis. Effrayé par les curieux qui commençaient à l'entourer, il se réfugia dans un pub, et embarrassé, commanda un Cherry Brandy. Pour se donner contenance. Manque de chance, un journaliste présent dans le pub se dépêcha de raconter l'histoire à la nation. Tous les journaux de Grande-Bretagne en firent leurs gros titres. Charles avait quatorze ans à l'époque. On s'en souvient encore.

diens étaient « incompétents, insulaires, islamiques, inorganisés et peu consciencieux ». Charles a du pain sur la planche.

A Oman, premier étonnement pour Diana : elle a une limousine pour elle toute seule, son mari voyage à l'avant dans une autre. Les hommes ont leur coin, très grand, les femmes le leur, très reclus. La princesse dîna donc ce soir-là en compagnie d'autres princesses et uniquement, tandis que dans la pièce voisine Charles faisait honneur à un dîner sans vin ni dames, mais bourré de gâteaux au miel. Dès le lendemain matin on organise pour Diana une visite du harem. Pour lui montrer à quoi elle a échappé en épousant un prince britannique plutôt qu'arabe ? Dans un grand lit à baldaquin tout drapé de tentures dorées, patiente une adolescente aux pieds et mains couverts de tatouages au henné. Elle a mis une robe de sept voiles en déclinaison de verts porte-bonheur. « Nous avons reconstitué pour vous la cérémonie d'un mariage », lui explique-t-on, « normalement la fête dure trois jours au cours desquels la mariée ne bouge pas de son lit et n'a le droit de montrer à son nouveau mari que ses pieds et ses mains ». « Pauvre fiancée », murmure Diana. Elle est plus à l'aise l'après-midi lorsqu'elle se rend à l'Association des femmes d'Oman. On la fait asseoir sur un coussin brodé posé à même le sol. « Oh, j'ai l'habitude, sourit-elle, chez moi je m'assieds toujours par terre. » Les femmes qui la reçoivent sont ravies et très privilégiées : elles ont pu voir et approcher la princesse anglaise. Peu d'Arabes auront cette faveur. En effet, les foules sont interdites, les places désertes, Charles et Diana ne sont entourés que du cordon de sécurité, des officiels et des cent journalistes qui « couvrent » le voyage. Peu de monde donc autour de Di lorsqu'elle sort de l'Association des femmes et foule la pelouse teinte en vert pour l'occasion. Mais Diana s'en est-

Glace au Grand Marnier

(Pour 6 personnes)
4 cuillerées à soupe de Grand Marnier - 4 œufs - 125 g de sucre - le zeste d'une orange râpée - 2 cuillerées à soupe de jus d'orange - 25 cl de crème fraîche - 4 cuillerées à soupe de quatre-quarts émietté

Séparer les œufs. Monter les blancs en neige avec une pincée de sel. Battre ensemble les jaunes d'œufs et le sucre jusqu'à obtention du ruban et de la couleur jaune pâle. Ajouter à ce mélange 4 cuillerées de quatre-quarts émietté, le Grand Marnier, le jus et le zeste d'orange. Bien mélanger. Fouetter la crème fraîche jusqu'à consistance d'une chantilly et la rajouter au mélange. En soulevant délicatement avec une spatule, ajouter les blancs en neige. Découper une bande de papier sulfurisé de 5 cm de haut et du périmètre du moule à soufflé. La fixer avec du papier adhésif sur le pourtour extérieur du moule. Verser la pâte dans le moule et placer au congélateur 4 heures minimum. Au moment de servir, retirer la bande de papier avec précaution. Servir immédiatement.

Le soufflé glacé au Grand Marnier est l'un des desserts préférés de Charles et de Diana.

elle aperçue ? Face à ses hôtes elle n'a pas le droit de baisser les yeux sur ses chaussures.

Elle retrouve au polo son mari qui a emmené Ferguson, le père de Fergie exprès pour ce match. Qu'ils perdent d'ailleurs mais, honneur au vaincu, en lui remettant sa petite coupe, Diana embrasse Charles sur la bouche. Ce baiser-là ne sera pas retransmis le soir aux informations télévisées. Charles et Di auraient-ils choqué le monde arabe ? « Non, rassure un courtisan, nous savons qu'ils ont l'habitude de s'embrasser en fin de match mais c'est une coutume que nous ne pratiquons pas chez nous. »

En découvrant l'université de Mascat, Charles et Di se séparent à nouveau, elle chez les filles, lui chez les garçons. Cette université, construite sous la vigilance du fils de Margaret Thatcher, est étudiée pour éviter le mélange des sexes. Même en cours, les garçons sont assis sur les premiers rangs, les filles derrière, bien sûr. Si une étudiante parle à un étudiant, elle est expulsée. Mais cela ne risque pas d'arriver : « Si un garçon veut me parler, qu'il aille demander ma main à mon père », réplique vertement une jeune fille à un journaliste qui s'étonne.

Le lendemain, à bord du *Britannia*, le couple princier part pour Qatar, le plus petit de tous les États du Golfe. Au palais Rayyan l'émir leur réserve une surprise. Ayant appris que le 14 novembre est le jour anniversaire du prince, il lui fait fête en brisant tous les rituels, invite Diana à la table de son prince. Pour ses 38 ans, Charles présida ainsi un banquet de cent personnes équitablement réparties en hommes et femmes. Une des femmes de l'émir présente au dîner n'en croyait pas ses yeux.

C'est à Qatar également que Diana découvrit avec horreur comment l'on dresse les chameaux, un anneau dans les naseaux relié à une chaîne sur laquelle le chamelier tire tant qu'il peut pour que sa bête marche fièrement, tête haute. Diana écœurée

Rhubarbe crumble

(Pour 4 à 6 personnes)
1 livre de rhubarbe - 200 g de farine - 150 g de beurre - 75 g de sucre roux en poudre - 1/2 cuillerée à café de gingembre moulu - 1 cuillerée à café de levure

Nettoyer la rhubarbe, la couper en morceaux et l'ébouillanter rapidement.
Mélanger ensemble le beurre ramolli, la farine, la levure et le gingembre. La pâte n'est pas homogène et tombe en miettes, c'est normal.
Dans un moule à soufflé placer la rhubarbe et le sucre, recouvrir avec la pâte. Mettre au four préchauffé à 180° pendant 1/2 heure.
Servir chaud ou tiède avec de la crème fraîche fouettée.

Vieille recette très populaire en Grande-Bretagne, la rhubarbe crumble devient à la mode en France. Le fin du fin étant, comme chez les Wales, de faire pousser la rhubarbe dans son propre jardin. Elle y grandit comme le chiendent de mai à octobre.

plongea son regard sur le tapis et coutume ou pas coutume n'en décolla point. Cette charmante exhibition fut suivi d'un envol de faucons voulant montrer au prince comment on chasse dans le désert, mais cette fois on fit attention à la sensibilité de Di et le faucon ne mordit que dans des plumes et non dans un pigeon. Pique-nique bédouin : les Wales qui ont pourtant l'habitude des barbecues ont dû être étonnés, des moutons entiers rôtissaient en plein air. Mais pour le reste du déjeuner composé essentiellement de fruits et de yaourts aigrelets on avait fait appel à une compagnie d'hôtels internationale. Même au fond du désert la tradition rencontre désormais le modernisme. Charles et Di mangèrent à table avec des couteaux et des fourchettes mais le reste des troupes, c'est-à-dire les journalistes et la suite royale, par terre et avec leurs doigts.

En Arabie Saoudite, Abdullah, le monarque était donc absent. Diana était pourtant fort jolie dans sa tunique bleu et blanc et ses pantalons aux jambes étroites. Elle arborait un immense chapeau blanc et faisait figure d'adolescente androgyne, à croquer. Subjugué, le fils de l'émir qui faisait les frais de représentation offrit à Diana un brûle-parfum pour sa chambre. « Brûlez-y de l'encens et du mimosa », lui conseilla-t-on, la chose la plus érotique qui soit pour une nuit amoureuse. Le prince et la princesse remontèrent sur leur célèbre yacht les bras chargés de cadeaux qui comprenaient en outre douze tubes de dentifrice sans graisse animale mais fabriqués en Grande-Bretagne.

Ils cabotèrent jusqu'en Égypte, pays aimé de Diana. Charles se remit bien vite à sa peinture et Diana se fit dorer au soleil en attendant d'aller retrouver à Londres ses garnements chéris.

Clafoutis William

(Pour 4 personnes)
750 g de poires William - 2 cuillerées à soupe de vin de Muscat - 1/4 de litre de lait - 100 g de sucre en poudre - 3 œufs - 1 cuillerée à café d'essence de vanille - 1 pincée de sel - 7 cuillerées à soupe de farine

Peler, épépiner et couper les poires en tranches ni trop fines ni trop épaisses. Les mettre à mariner dans le vin de Muscat. Dans un mixer, mélanger tout ensemble le vin de la marinade, le lait, le sucre, les œufs, la vanille, le sel et la farine, pour obtenir une pâte plus épaisse qu'une pâte à crêpes. Dans un plat à gratin beurré, verser un peu de la pâte pour couvrir le fond. Enfourner à four préchauffé (180°, thermostat 4) pendant 2 minutes. Sortir du four. Déposer les poires sur le fond de pâte et couvrir avec le reste de la pâte. Laisser cuire au four 1 heure environ jusqu'à ce que la lame du couteau sorte propre du gâteau. Saupoudrer de sucre glace et servir encore chaud mais pas brûlant.

Ce gâteau est un clin d'œil à William, fils aîné de Diana et futur roi d'Angleterre.

Hiver

MERCREDI 3 décembre 1986. Le temps est maussade, pas vraiment froid, gris. Mais rien n'entame aujourd'hui la bonne humeur de Diana. Elle est ravie, elle part inaugurer le nouveau centre social de la fabuleuse chaîne Body Shop dans le Sussex. Créée il y a dix ans par une jeune femme, Anita Roddick qui vient de remporter le prix de la meilleure femme d'affaires, Body Shop (la Boutique du Corps) a de quoi plaire à la princesse. Elle a toujours aimé les cosmétiques et ceux-là ne sont fabriqués qu'avec des produits naturels, plantes, fruits, argile et autres grains de blé. Reçue en fanfare par tout le personnel de la compagnie, elle en visite les laboratoires guidée par Mark Constantin, l'herboriste. Il lui donne rapidement un petit cours de cosmétologie et, mettant la main à la pâte lui montre comment fabriquer un masque aux fraises « formidable pour la peau ». « Vous vous en servez ? » demande Diana à Mark Constantin. « Bien sûr », répond celui-ci enthousiaste. « Ah », reprend la princesse en riant, « je me demandais aussi comment vous faisiez pour avoir de si belles moustaches ».

L'herboriste est barbu comme un Gaulois. Anita Roddick explique alors à Diana que les hommes ont fait des progrès en 10 ans et que désormais ils dépensent environ 550 millions de francs par an pour leur toilette. Diana renchérit en expliquant que c'est le devoir des femmes d'apprendre à leurs maris l'art des poudres de perlimpinpin. Et pour montrer l'exemple elle repart chargée de crème à la noix de coco, de crème de nuit à la primevère, de lait nettoyant et de sels de bains pour Charles. Quelqu'un a même glissé dans son grand sac une poudre de terre de l'Atlas marocain : « Qu'il en fasse une pâte avec de l'eau chaude et qu'il s'en fasse un cataplasme sur la tête, c'est excellent pour les cheveux qui tombent. » Diana a souri et acquiescé. Là-dessus elle est bien vite rentrée à Londres pour aller prendre le thé chez sa vieille amie la reine mère à Clarence House. Fergie l'y attendait déjà. Délicieuse fin d'après-midi pour ces trois femmes qui s'adorent. Chez Elizabeth mère, pas question de parler régime. Fergie, qui vient de perdre dix kilos en s'abandonnant entre les mains d'un hypnotiseur devenu célèbre du jour au lendemain grâce à elle, Fergie est toute prête à craquer pour les gâteaux de grand-maman. Quant à Diana, la gourmande qui se restreint, elle ne refuse pas le célébrissime cake aux dattes. Le feu de bois pétille dans la grande cheminée, le thé à la bergamote embaume dans sa théière d'argent massif, on a déjà passé en revue la santé de Charles et celle d'Andrew, on ne parle plus que des cadeaux de Noël, pour la famille, pour les enfants. Diana qui a moultes fois exhorté les Anglaises à acheter des caleçons de soie pour leurs maris en offrira-t-elle encore un nouveau à Charles ? Que donner à des enfants qui ont déjà tout et qui vont encore recevoir des tonnes de jouets venus du pays tout entier ? Hamleys, le plus grand magasin de jouets de Londres et peut-être du monde, a envoyé

Le bortsch de Diana

(Pour 4 à 6 personnes)
1 livre de betteraves cuites - 1 litre d'eau - 1 cube de bouillon concentré au poulet - 1/2 cuillerée à café de sucre en poudre - le jus d'un citron - 15 cl de crème fleurette

Peler puis râper les betteraves. Dissoudre le cube de bouillon concentré dans l'eau en faisant chauffer en casserole jusqu'à ébullition. Ajouter les betteraves râpées. Laisser cuire à petit feu pendant 1/4 d'heure. Ajouter le sucre et le jus de citron. Vérifier l'assaisonnement. Passer au chinois et servir bien chaud en rajoutant une cuillerée de crème fleurette dans chaque assiette.

Diana fait cette soupe elle-même et en donna la recette au début de son mariage.

Petits pots aux crevettes

(Pour 4 personnes)
350 g de petites crevettes roses décortiquées - 125 g de beurre - 1 citron - 1 cuillerée à café de poivre de Cayenne - le jus d'un citron - sel, poivre

Faire fondre le beurre au bain-marie ou au four à micro-ondes. Le beurre se sépare. Conserver le beurre clarifié, jeter la crème blanche. Ajouter les crevettes au beurre clarifié, puis le jus de citron, sel et poivre. Bien mélanger et verser dans des petits moules individuels. Laisser au réfrigérateur au moins deux heures. Démouler et servir avec des toasts chauds et un quartier de citron.

son catalogue, on ne sait plus où donner de la tête. Diana a repéré chez White House un ravissant déshabillé pour Fergie mais elle se garde bien de le lui dire. Queen Mum — comme on ne l'appelle jamais à la Cour — sourit et se souvient... Elle raconte comment de son temps, petite fille choyée, elle n'avait pourtant droit aux jouets neufs que deux fois par an, à Noël et à Pâques et encore. Pour Pâques il ne s'agissait souvent que de chocolats, œufs en sucre ou bonbons à la guimauve. On ne mangeait les premières oranges qu'à la veille de Noël. Les mandarines existaient à peine. Fergie éclate de rire : « Hé oui, nous sommes dans l'ère de la surconsommation ! » Elle qui édite avec tant de soins des livres d'art a déjà dédicacé une copie de son dernier « best-seller » à la reine : *Nouvelle peinture, l'impressionnisme de 1874 à 1888*. Diana donne rendez-vous à Fergie pour très bientôt, il faut qu'elles se mettent d'accord sur ce qu'elles porteront pendant les fêtes. Diana tout naturellement prêtera deux ou trois petites affaires à son amie et belle-sœur. Pour la reine mère, c'est l'heure du *gin and tonic*, mais là les deux princesses refusent, elles ne peuvent plus s'attarder, Diana rentre à Kensington, Fergie à Buckingham, puisqu'ils n'ont avec Andrew pas encore trouvé la maison de leurs rêves.

Diana ne sort plus beaucoup pour faire ses courses, seule. De toute façon, elle est toujours accompagnée de son garde du corps qui en surveillant sa voiture la protège des contraventions. Elle n'a plus beaucoup de temps pour faire du lèche-vitrines, la reine elle-même reconnaît que Diana travaille trop et que Charles exagère, se reposant toujours sur sa femme — 17 obligations en 15 jours. Et puis désormais, tout le monde connaît ses endroits secrets, elle n'est jamais à l'abri d'un paparazzo ou d'un attroupement. Comment faire du shopping incognito chez Harrods, Harvey Nichols, General Trading

Fumé madrilène en tasse et ses allumettes

(Pour 4 à 6 personnes)
1 kg de gîte - 1 os à moelle - 1 oignon - 2 carottes - 1 poireau - 3 branches de céleri - 1 bouquet de persil - sel et poivre - quelques gouttes de tabasco - 2 cuillerées à soupe de concentré de tomates.

Dans un faitout mettre la pièce de bœuf, l'os à moelle, oignon, carottes coupées, poireau coupé, céleri, persil, sel et poivre. Couvrir d'eau froide. Laisser mijoter 2 à 3 heures. Laisser refroidir. Dégraisser à l'écumoire. Passer le jus à travers une mousseline. Réchauffer ce bouillon, ajouter les gouttes de tabasco et le concentré de tomates. Servir en tasses avec les allumettes au fromage. On peut manger la viande et les légumes en pot-au-feu.

Allumettes au fromage

100 g de farine - 1 bonne pincée de poivre de Cayenne - 50 g de beurre - 50 g de fromage râpé - 1 jaune d'œuf - sel, un peu d'eau gazeuse si nécessaire

Mélanger la farine, le poivre et le sel. Ajouter le beurre ramolli, puis le fromage, le jaune d'œuf et un peu d'eau gazeuse. Bien mélanger pour obtenir une boule. Laisser reposer une heure au réfrigérateur dans un film de plastique.
Sur le plan de travail fariné, étaler la pâte et la couper en lamelle, d'1 cm de large sur 6 cm de long. Passer à four chaud (200°) pendant 10 minutes.

Company ou Liberty une veille de Noël ? Ce sont eux qui désormais se déplacent et présentent leurs objets à Diana chez elle comme pour la reine. Autrefois Elizabeth II avait le privilège d'avoir Harrods pour elle toute seule un jour par an. Désormais, et pour des raisons de sécurité même, cette petite faveur a disparu. Harrods se déplace par camions entiers à Buckingham. Diana choisit ses Damart sur catalogue : « Pour eux, je suis une publicité ambulante », et tous ses couturiers, de Bruce Oldfield à Catherine Walker en passant par les Emanuel ou Sally Muir viennent lui apporter leurs croquis et faire les essayages à domicile.

Diana qui aimait tant aller choisir les chaussures de Charles chez Lobb's ou ses costumes et ses cravates chez Turnbull et Asser ne peut que difficilement lui faire des surprises. Victime de sa trop grande popularité, elle est reconnue partout et les journaux annoncent à l'avance à Charles ce qu'il aura pour son anniversaire. Mais Diana a l'imagination fertile, elle qui adore glisser des petits mots tendres sous l'oreiller de son amoureux, trouve toujours un moyen pour que ses cadeaux de Noël ne soient pas dévoilés à l'avance.

Car Noël, pour la famille royale, c'est vraiment la grande fête de l'année. « Qu'y a-t-il de plus délicieux au monde qu'une famille réunie et qui fête ses petits ? » s'exclamait déjà Élizabeth II il y a 30 ans lors de son discours télévisé, « quand la nuit est tombée, que le vent souffle, que la pluie tape contre

Poireaux à la prince de Galles

(Pour 4 personnes)
8 petits poireaux - 50 g de petits raisins secs - 1 cuillerée à soupe de concentré de tomates diluée dans 1 cuillerée à soupe d'huile d'olive - 1/2 cuillerée à soupe de sucre en poudre - 2 cuillerées à soupe de vinaigre de vin - 1 petite cuillerée à café de moutarde - sel et poivre

Laver et couper les poireaux dans leur longueur. Ne conserver que le blanc et un peu de vert. Attacher en bottes et faire cuire dans l'eau bouillante salée. Égoutter et passer sous l'eau froide. Retirer la ficelle et placer les poireaux bien égouttés sur un plat de service. Faire tremper les raisins secs 1/2 heure dans l'eau chaude. Préparer la sauce vinaigrette avec la moutarde, sel, poivre, vinaigre, sucre et huile d'olive. Ajouter les raisins secs, égoutter. Servir avec les poireaux refroidis.

Emblème du Pays de Galles, le poireau fait partie des légumes préférés de Charles. C'est un des légumes vedettes de son potager d'Highgrove.

les vitres... et que l'on a toute sa famille autour de soi, bien au chaud devant le grand feu de bois». Elle en serait devenue lyrique cette dame qui jamais ne laisse pointer ses sentiments en public. Pour faire plaisir à sa reine, l'intendance suit. Formidable organisation que réclament ces quatre jours à Windsor d'où l'on déménagera bien vite pour tout recommencer à Sandringham dans le Norfolk. Car autrefois Noël avait lieu à Sandringham, le château préféré d'Élizabeth et de son père. La famille s'agrandissant à toute vitesse avec les naissances d'Andrew, d'Edward, et des enfants de Margaret, en 1964, la reine se prononça en faveur de Windsor au grand dam du personnel du Norfolk privé de sa fête. Pour satisfaire tout le monde la reine organise donc deux fois la fête. Elle en est secrètement ravie, les enfants aussi.

Un mois à l'avance, on a coupé cinq sapins dans les bois de Windsor. Le plus grand, il mesure 6,50 m de haut, ira dans le Grand Salon Rouge, les quatre plus petits dans les salons privés de la reine, dans la nurserie des enfants, et dans les salles à manger du personnel. La reine arrive à Windsor le 22 ou le 23 décembre, en tout cas dès que faire se peut et aussitôt enregistré son message de Noël pour la télévision. Là, elle passe en revue méticuleusement toutes les pièces du château. Elle attend plus de 35 invités et personne ne doit être déçu. Dans chaque salle de bains on a déposé des savonnettes de chez Brownley ou Roger et Gallet, dans chaque salon avoisinant la chambre trône un somptueux bouquet de fleurs fraîches.

Le 24 décembre, juste après le déjeuner, toute la famille arrive. Charles, Diana et leurs enfants d'abord avec la reine mère. Elle ira habiter à Royal Lodge, sa maison de jeune mariée, avec Margaret. Sinon, chacun à Windsor a sa tour. Dans la tour de la reine habitent Élizabeth et Philip. Charles et sa petite

Pamplemousse grillé au xérès

(Pour 2 personnes)
1 pamplemousse rose - 2 cuillerées à soupe de sucre roux - 1 cuillerée à soupe de xérès

Couper le pamplemousse en deux. Découper la chair en segments. Passer le couteau tout autour de l'intérieur du pamplemousse. Retirer les pépins. Saupoudrer de xérès puis de sucre roux. Placer sous le gril jusqu'à ce que le sucre caramélise légèrement.
Servir immédiatement.

Terrine de kippers

(Pour 6 personnes)
1/2 livre de filets de kippers - 1/2 livre de fromage frais - le jus d'1/2 citron - poivre de Cayenne - poivre gris

Dans un plat creux déposer les filets de kippers, verser de l'eau bouillante dessus et laisser 10 minutes. Sortir les kippers de l'eau, retirer la peau et les arêtes. Écraser la chair à la fourchette. Mélanger les kippers écrasés avec le fromage, le jus de citron, les poivres. Verser en terrine. Décorer de fines tranches de saumon. Servir avec des toasts chauds ou du pain Poilâne grillé.

famille. Andrew et Fergie et enfin Edward. Anne, son *captain* de mari et leurs enfants rejoignent la tour Augusta, la tour d'York est réservée aux Gloucester. Michael de Kent et sa femme Marie-Christine sont dans la tour du Roi Edward III. Naturellement, lorsqu'on la lui présenta, Marie-Christine n'aima pas du tout cette tour restaurée dans un style très moderne par la reine. « Mon Dieu que c'est laid ! » s'exclama-t-elle en découvrant l'endroit. Élizabeth eut vent de la réflexion, ne dit mot mais remit Marie-Christine chez Edward III l'année suivante.

Les invités n'ayant pas plutôt débarqué de leurs limousines, valets et laquais se précipitent sur les coffres bourrés de valises et de cadeaux. Chacun en offre un à chacun et la reine à tous ses employés. Du reste, pour être sûre de ne pas tomber à côté, chaque serviteur désigne à l'avance le cadeau de son choix, dans une certaine fourchette de prix tout de même. Le prix augmente selon l'ancienneté et le rang du serviteur. Quand tout le monde est rentré, la reine sert le thé selon une tradition qu'elle renouvelle à toutes les vacances. Puis l'on gagne ses appartements pour se préparer. En fait les enfants vont prendre leur bain, dîner et se coucher. Mrs Barnes lira une belle histoire de Noël à William et Harry et tâchera de calmer leur excitation. Car ce soir c'est la fête des grands. Les petits ne pourront ouvrir leurs cadeaux que demain matin.

Diana se fait belle. Comme la reine, elle aime ces moments privilégiés où tout prend allure de contes de fées. Elle se fait câline envers Charles. Ce soir, elle est amoureuse de lui, de ses enfants chéris qui font les 400 coups dans la nurserie, de la vie. En bas dans le Grand Salon Rouge, l'arbre brille de tous ses feux. Sagement alignés dans leurs plus beaux habits, plus de 70 serviteurs attendent patiemment l'arrivée de la reine escor-

Escalopes de veau et rôties

(Pour 4 personnes)

Escalopes de veau

4 escalopes de veau - 1 oignon finement émincé - 1 cuillerée à soupe de beurre ou l'équivalent moitié beurre, moitié huile - 1 poignée de feuilles de fenouil finement hachées - 1 jus de citron - sel et poivre.

Faire revenir les escalopes dans une poêle avec l'huile et le beurre. Quand elles sont dorées ajouter l'oignon émincé, couvrir et laisser mijoter 8 minutes. Saler, poivrer. Ajouter les feuilles de fenouil hachées, un peu de jus de citron. Remuer. C'est prêt.

Rôties de pommes de terre

1 kg de pommes de terre - 75 g de beurre - sel et poivre.

Faire bouillir à l'eau salée les pommes de terre dans leur peau. Quand elles sont presques cuites, les sortir. Laisser refroidir. Peler les pommes de terre. Les râper grossièrement. Faire fondre le beurre en sauteuse et y faire revenir les pommes de terre râpées en les pressant à la fourchette pour en faire une galette. Après 15 minutes de cuisson retourner la galette de l'autre côté et faire dorer. Saler, poivrer. Servir la galette coupée en morceaux.

Ce plat de roi fut servi à Charles et Diana à Klosters, lors de leur saison de ski.

tée de son prince. La voici justement puisque toute la famille est dans la pièce. Les paquets sont empilés sur la longue table recouverte d'une nappe blanche. Mais avant que la famille n'ouvre ses cadeaux, Élizabeth passe ses troupes civiles en revue. Un présent, une carte signée de la main régalienne et un mot pour chacun. Certains s'empourprent, d'autres osent une réponse, la plupart bafouillent un petit « thank you Ma'am », et c'est au tour des grands de ce monde de dénouer les rubans.

Personne ne s'attend à hériter de boucles d'oreilles en diamants ou d'un kilo de caviar, les cadeaux chers sont considérés du plus mauvais goût. Il faut plutôt faire preuve en cette occasion d'humour et de sagacité. Ainsi Anne trouva une année dans ses petits souliers, un paillasson. L'humour est anglais ou il n'est pas. Mais c'est toujours la princesse Alice qui fait les plus jolis paquets. Après le souper, léger — il faut savoir se réserver pour le lendemain —, ceux qui veulent peuvent aller à la messe de Noël. Margaret s'en passe mais elle sera demain à 10 heures à l'Église Saint-George, comme tout le monde, William et Harry y compris. Le lendemain très tôt les deux petits sautent sur le lit de Charles et Di, ils n'en peuvent plus, c'est leur tour, mais où donc est le Père Noël ?

Le Père Noël s'habille, c'est-à-dire que le prince Philip s'enroule dans sa houppelande et se cache derrière une magnifique barbe blanche. Il adore son déguisement au moins autant que les enfants. Une demi-heure plus tard c'est le branle-bas de combat dans le Grand Salon Rouge. L'excitation est à son comble, les enfants crient, rient et poursuivent le Père Noël avec leurs fusils de plastique flambant neufs, valets et femmes de chambre levés depuis l'aube pour préparer les festivités à venir, passent la tête par la grande porte pour profiter un peu de tout cet amusement. Diana le regard un peu voilé songe à

Fricassée de poulet

(Pour 4 personnes)
1 beau poulet de grain - 2 carottes - 1 oignon - 1 poireau - 1 cuillerée à soupe de beurre - 1 cuillerée à soupe de farine - 1 cuillerée à soupe de câpres hachées - 15 cl de lait - 4 cuillerées à soupe de crème fraîche

Mettre le poulet dans une sauteuse à fond épais. Ajouter carottes et poireau coupés en morceaux, oignon émincé et couvrir d'eau. Amener doucement à ébullition et laisser mijoter jusqu'à cuisson du poulet (50 minutes environ). Retirer la peau du poulet et la jeter. Désosser le poulet, ne garder que la chair. La placer sur un plat chaud et faire la sauce.
Faire fondre le beurre dans une casserole à fond épais, ajouter la farine. Faire cuire 3 minutes sans cesser de tourner avec une cuillère en bois. Ajouter le lait peu à peu sans cesser de tourner puis 1/4 de litre du bouillon de cuisson. Tourner jusqu'à ce que la sauce prenne consistance de crème. Rectifier l'assaisonnement. Ajouter les câpres hachées et la crème fraîche. Verser un peu de la sauce sur le poulet et le reste en saucière.

Cette fricassée de poulet fut servie aux rédacteurs en chef des grands journaux de Londres en février 84, lors d'un dîner à Kensington offert par Charles et Diana. Il n'y eut ni entrée ni fromage au menu. Simplement du chou-fleur et des pommes de terre pour accompagner le poulet, suivi d'une salade verte puis d'une glace à la banane et d'une salade de fruits.

la petite fille qu'elle pourrait avoir et à qui elle offrirait enfin poupées et dînettes. La Queen Mother installée dans son fauteuil se régale, la reine aussi, bien sûr, qui bat des mains, s'esclaffe, jette des regards en coulisse vers Andrew et Fergie : « A quand mes prochains petits-enfants ? » On resterait bien là des heures au milieu des jouets et des papiers éparpillés mais la messe de Saint-George n'attend pas et les photographes qui piétinent dehors commencent à geler. Chapeautée, gantée, couverte de ses meilleurs manteaux, la famille assiste paisiblement au service religieux, auquel elle se rend à pied. Retour au château, et que sautent les bouchons de champagne ! Fergie ne sera pas la dernière à se servir. Pendant que la famille sirote ses apéritifs, le chef dans ses cuisines court derrière ses montres et ses casseroles : en un temps record il va devoir orchestrer cinq services différents. Déjeuner à 11 heures 30 pour les plus jeunes serviteurs aussitôt suivi à midi du déjeuner pour les serviteurs plus âgés. A 12 heures 45 c'est au tour des petits princes de se mettre à table, la reine et sa famille seront servies à 13 heures 15, précises. Le personnel des cuisines enfin ne mangera qu'après 15 heures. Fort heureusement, le menu est à peu près le même pour tout le monde. La grande salle à manger est resplendissante. Brillant de tous ses feux, la vaisselle d'or se reflète dans les verres de cristal. Les imposants candélabres ajoutent à la magie de la mise en scène. Très naturellement, la reine préside la table en s'asseyant au centre, son mari face à elle, par ordre de succession au trône, le reste de la famille se déploie autour d'eux. Servi par des valets gantés arrive le consommé Yvette ou la bisque de homard. Dans les communs, on n'aura eu droit qu'à une crème de tomate, mais à ce détail près, chacun mangera la même chose. 25 dindes ont été farcies, bridées, rôties pour ce grand jour. A l'époque de Victoria, on en cuisait

Perdrix aux raisins

(Pour 1 personne)
1 perdrix - 1 grappe de raisin blanc - 1 verre de vin blanc - 2 cuillerées à soupe de crème fraîche - 1 cuillerée à café de farine - 2 tranches fines de poitrine fumée - sel et poivre

Plonger les grains de raisin dans l'eau bouillante quelques secondes. Peler et épépiner. Farcir la perdrix avec les raisins. Placer les 2 tranches de poitrine fumée sur la poitrine de la volaille... Mettre à four préchauffé 210° pendant 25 ou 30 minutes. 5 minutes avant la fin de la cuisson retirer les morceaux de lard pour laisser dorer la peau. Réserver la perdrix sur un plat chaud. Dégraisser légèrement le jus de cuisson. Dans une petite casserole à fond épais mélanger ensemble sur le feu sans cesser de tourner le jus de cuisson et un peu de farine. Rajouter le vin. Tourner encore. Rajouter la crème fraîche. Fouetter énergiquement. Saler, poivrer et verser la sauce sur la perdrix. On peut également servir la perdrix sur canapé : une tranche de pain de mie revenue au beurre et placée sous l'oiseau.

250 ! Les dindes farcies sont souvent accompagnées de petites chipolatas grillées, de choux de Bruxelles du jardin et de pommes de terre au four. Salade sans fromage et voici venu le temps du dessert et du traditionnel Christmas pudding. En plus de celui servi au déjeuner, la reine en offre un à chacun des membres du personnel. Autrefois fabriqué dans les cuisines de Buckingham des mois à l'avance, ces puddings nécessitaient 17 litres de bière, des bouteilles entières de cognac et de rhum, 150 œufs et des dizaines de kilos de trois sortes de raisins secs. Prosaïque, la reine les achète désormais chez Fortnum and Mason. Seul le Christmas pudding servi à la table royale est confectionné « à la maison ».

Avec tout ça, il est 15 heures, heure sacrée. Il faut vite passer dans le salon regarder la reine faire son discours de bonne année à la télévision. Sa Majesté regarde la reine qui s'adresse à son peuple et Sa Majesté devient soudain aussi peuple que son peuple lui-même : elle se juge, sourit, éclate de rire. Elle ne se trouve pas bien bonne.

Heureusement, tout le monde s'écrie : « Tu as été formidable, maman ! » Après cette rude leçon d'humilité, on change encore de salon pour jouer tous ensemble. Certains se sont éclipsés pour aller se déguiser. Philip, le père, propose quelques charades, les premiers à trouver sont en général Élizabeth et Charles. Margaret plaque alors ses belles mains sur le piano et, aux premières mesures d'une farandole endiablée, entrent Edward, Diana et Fergie qui se lancent dans une pantomime désopilante à souhait. Suit un noble monologue de Charles ou une courte comédie par lui et son frère Edward qui s'est révélé fort bon comédien dans son université de Cambridge et compte poursuivre dans cette voie. Petite pose pour le thé.

En fin de rideau et après avoir été dûment sollicitée, Sa

Faisan à la normande

(Pour 4 personnes)
2 faisans - 4 pommes - 1 cuillerée à soupe de beurre - 1 cuillerée à soupe d'huile - 1 verre de cidre - 1 petit verre de calvados - 25 cl de crème fraîche - le jus d'1/2 citron - sel et poivre

Dans une sauteuse faire fondre le beurre et l'huile. Y faire revenir les faisans jusqu'à ce qu'ils prennent couleur. Mettre les volailles dans un plat en terre. Peler et couper les pommes en quartiers. Les faire revenir dans la même sauteuse en se reservant du jus des faisans. Ajouter les pommes aux faisans. Saler, poivrer. Verser le jus du 1/2 citron, le calvados, le cidre. Couvrir avec une feuille de papier en aluminium et passer à four préchauffé à 180°, 1 heure 1/2 environ. Sortir les faisans et les réserver sur un plat de service chaud. Mettre le jus de cuisson et les pommes confites dans une casserole à fond épais. Ajouter la crème fraîche. Donner un tour de bouillon. Verser un peu de sauce sur les volailles et le reste en saucière. Servir avec des pommes vapeur persillées.

Majesté ne peut résister au plaisir d'imiter les politiciens qui l'entourent. Elle est, paraît-il, très douée dans cet art et gageons qu'elle a la dent dure quand vient le tour de « doubler » Margaret Thatcher. Après ces charmantes saynètes, on dîne légèrement si l'on veut et les familles retrouvent leurs appartements pour un repos bien mérité.

Le lendemain de Noël s'appelle le « Boxing day » et c'est toujours un jour férié. M. et Mme Smith profitent de cette journée pour aller voir leurs amis ou présenter leurs vœux aux plus âgés de la famille. A Windsor, on chasse. Chasse aux faisans dodus comme des cailles, chasse menée à grand train par le prince Philip bien entendu. Charles s'est-il ou non remis à la chasse ? Épineuse question qui a ému toute l'Angleterre à l'entrée de l'hiver. Voici les faits : on sait depuis toujours que Diana n'aime pas beaucoup les jeux meurtriers dans leur ensemble et la chasse aux oiseaux en particulier. Avec son charme et sa douceur, elle avait semble-t-il convaincu Charles d'abandonner ce sport de *gentleman farmer*. Pendant trois ans, on ne vit plus Charles battre la campagne son fusil à la saignée du bras. Dans un grand geste aussi généreux que symbolique, il avait même, selon les gazettes, donné la magnifique paire de Purdey évaluée à 250 000 francs et qu'il tenait de son grand-père le roi Georges VI à son frère Andrew-le-bagarreur. Or, en plein milieu de décembre 1986 que ne découvre-t-on pas ? Char-

Chevreuil en cocotte

(Pour 6 personnes)
1 kg de chevreuil coupé en morceaux - 1 cuillerée à soupe de beurre - 1 cuillerée à soupe d'huile - 2 oignons finement émincés - 2 gousses d'ail écrasées - 1 cuillerée à café de sel - 1/2 cuillerée à café de poivre - 500 g de pruneaux secs dénoyautés

Pour la marinade

1/2 litre de bon bourgogne - 3 cuillerées à soupe d'huile d'olive - 1 bouquet garni

Dans un grand saladier, mélanger tous les ingrédients de la marinade et y déposer les morceaux de chevreuil. Laisser mariner 24 heures hors du réfrigérateur en retournant les morceaux de temps en temps. Préchauffer le four à 190° (thermostat 5). Retirer les morceaux de viande de la marinade et bien les égoutter. Faire chauffer l'huile et le beurre dans une sauteuse, y verser les morceaux de chevreuil et faire prendre couleur, 8 minutes environ. Placer la viande dans un plat creux allant au four. Faire revenir les oignons émincés et l'ail dans la sauteuse puis les verser dans la cocotte. Ajouter la marinade, le sel et le poivre. Mettre au four 1 heure 1/2 environ. Ajouter alors les pruneaux et laisser cuire encore jusqu'à ce que les pruneaux soient bien gonflés et la viande tendre.
Servir en casserole en ayant soin de retirer le bouquet garni. Accompagner de choux de Bruxelles et d'une purée de pommes de terre.

les chassant et avec son petit garçon William qui plus est. Tollé général. Charles perdait en un samedi après-midi six ans d'extrême popularité apportée comme un trophée par sa charmante épouse dans sa corbeille de mariage. Les « amis des bêtes » l'accablaient d'injures mais aussi les « amis des enfants », psychologues, éducateurs de tout poil se dressèrent sur leurs ergots : comment pouvait-on montrer d'aussi horribles choses à un enfant plein d'innocence ?

Il se pourrait fort bien en fait que Charles n'ait pas chassé ce jour-là. Il est vrai que le château de Sandringham fut ouvert ce week-end pour accueillir les amis de Charles et Diana, le roi Juan Carlos d'Espagne et sa femme la reine Sophia. Il est vrai qu'une partie de chasse au faisan y fut organisée. Il est vrai que l'on y vit Diana regardant partir son mari et son fils vers les grands champs. Des témoins très fiables ont même rapporté que William portait un anorak à rayures rouges et blanches, un pantalon rouge et des bottes de caoutchouc. Il brandissait un fusil en plastique. Mais Charles qui marchait à ses côtés tenait à la main droite, non pas un fusil, mais une canne qu'il affectionne particulièrement. En bois gravé et à pommeau d'argent, cette canne est normalement utilisée par les bergers pour rassembler leurs troupeaux de moutons. Alors peut-être bien que Charles a tenu la promesse faite à Diana et n'a pas chassé ce jour-là. Il a regardé mais non participé. Que tous les parents de garçonnets qui ne possèdent pas de revolvers en plastique lui jettent la première pierre.

En tout cas, le lendemain matin William accompagnait sa mère au service religieux du village. Certains y ont encore trouvé à redire, décidant que quatre ans d'âge c'est bien jeune pour aller prendre froid au temple. Là-dessus, Charles, passablement énervé, s'est lancé dans une petite déclaration selon laquelle

Dinde de Noël

(Pour 8 personnes)
1 dinde de 4 à 5 kg - farce à la viande - farce aux marrons - 1 cuillerée à soupe de beurre - sel et poivre

Farce aux marrons

1 oignon haché - 500 g de purée de marrons non sucrée - 5 fines tranches de poitrine fumée - 3 branches de céleri coupées en dés - 1 œuf - 1 cuillerée à café d'herbes de Provence - 50 g de beurre - 2 cuillerées à soupe de chapelure - sel et poivre

Faire revenir à feu moyen les tranches de poitrine fumée et l'oignon haché dans le beurre. Ajouter le céleri et laisser mijoter jusqu'à ce que le céleri soit cuit. Passer au mixer. Mélanger ensemble la purée de marrons, le céleri et la poitrine hachés, l'œuf battu, le sel, le poivre, les herbes et la chapelure. La farce ne doit pas être trop ferme.

Farce à la viande

300 g de viande de porc hachée - 300 g de viande de veau hachée - 100 g de graisse de porc ou de canard - 1 cuillerée à soupe de beurre - 1 oignon haché - le foie de la dinde - herbes de Provence - 1 œuf - 1 poignée de pistaches décortiquées - sel et poivre

Faire revenir les oignons dans le beurre, ajouter le foie. Laisser cuire une minute. Dans un grand plat creux mélanger ensemble toutes les viandes, l'œuf, l'oignon et le foie, les herbes, le sel, le poivre et les pistaches. Bien mélanger.
Farcir la dinde avec les deux farces en passant une par le fond et l'autre par le cou. Coudre les deux extrémités. Tartiner la volaille de beurre. Saler, poivrer. Placer dans un plat en terre et recouvrir d'une feuille d'aluminium. Passer au four préchauffé à 180° et laisser cuire en comptant 20 minutes par livre. De temps en temps ouvrir le four et arroser la dinde avec son jus.
Servir avec des pommes de terre rôties, des choux de Bruxelles ou du céleri braisé.

il estimait qu'il y avait décidément trop d'étrangers autour de lui à vouloir lui dicter sa vie privée. « Qu'il soit bien entendu que je j'élèverai mes enfants comme bon me semble. » Ah ! mais. A la tombée de la nuit, chasseurs et spectateurs rentrent fourbus au château de Windsor. Diana qui, elle, s'est contentée de la piscine chauffée et de quelques arpèges au piano a les joues beaucoup moins rouges que le reste de la famille. Tout le monde se rassemble dans la salle à manger de chêne pour un tea-time traditionnel beaucoup plus consistant qu'un goûter français et qui servira de dîner par la même occasion. Ne manquent à l'appel ni les petits sandwiches au cresson pour Élizabeth, ni les petits poissons fumés pour Philip-prince-consort et Andrew-les-belles-dents. Les petits pots aux crevettes avec toasts chauds ravissent Diana autant que la reine mère pour qui on n'a pas oublié le gâteau aux dattes.

Après le goûter, le joueur de cornemuse transformé en projectionniste déploie le grand écran. Place au film du soir. Un James Bond en général, qui plaît aux petits comme aux grands. La journée suivante se déroulera de la même façon pour la famille. Les serviteurs, eux, pendant ce temps-là, feront les valises car après Windsor, on recommence toute la fête à Sandringham. La soubrette de service n'oubliera pas d'empaqueter toutes les cartes de fin d'année qui seront replacées sur les cheminées de l'autre résidence de vacances.

Filets de flétans aux poireaux

(Pour 4 personnes)
4 filets de flétans - 4 à 6 blancs de poireaux selon grosseur - 2 cuillerées à soupe de beurre - 5 cuillerées à soupe de vin blanc sec - 3 cuillerées à soupe de crème fraîche - sel et poivre

Couper finement les blancs de poireaux bien lavés, bien essorés. Les faire revenir doucement dans une sauteuse avec le beurre. Placer les poireaux au fond d'un plat creux allant au four. Assaisonner les filets de poisson avec sel et poivre et les poser sur les poireaux. Ajouter le vin blanc et des petits morceaux de beurre sur les filets. Couvrir avec une feuille d'aluminium et enfourner à four moyen pour 15 minutes. Ajouter un peu de crème fraîche et faire griller 5 minutes au gril du four.

Les enfants demandent souvent des recettes à Diana dans les lettres qu'ils lui adressent. Dans une de ses réponses, elle leur donna un jour ce plat de poisson.

Ce qu'il y a de bien dans cette famille, c'est qu'il y a suffisamment de châteaux pour qu'il y en ait toujours un qui plaise davantage à chacun d'eux. Victoria puis Élizabeth-mère et Élizabeth-Reine jetèrent leur dévolu sur Balmoral en Écosse. George VI, le grand-père de Charles aimait, lui, Sandringham. Il s'agit là d'une sacrée propriété : 10 000 hectares de bois et de terres agricoles, estimée à 30 milliards de centimes, elle appartient totalement à la reine, l'État n'a pas le droit d'y mettre son nez. La demeure qui compte 274 pièces (bien que 91 fussent démolies en 1977) est-elle belle ? Une dame d'honneur déclara un jour qu'elle n'avait rien vu de plus laid que cet endroit. En tout cas, il y a de l'espace. 14 jardiniers s'occupent des potagers et des verrières. Les plantes sont à vendre. 14 éleveurs s'occupent des faisans et il faut trois mois de préparatifs pour pouvoir accueillir la reine et sa famille pendant les six semaines qu'elles y resteront. Une véritable cour suit Sa Majesté dans ce déplacement qui ressemble étrangement à un déménagement : les dames d'honneur, les valets de pied, les pages, les écuyers, les valets de chambres, les téléphonistes, les facteurs pour la poste royale, les lads pour les chevaux et les chevaux eux-mêmes arrivés en carrioles de Windsor. Le cornemuseux-projectionniste fait toujours partie des troupes. Depuis près de trois mois donc, Madame French, responsable en chef, et tous les domestiques s'affairent tels les petits nains de la forêt pour recevoir dignement leur monarque. Ils ont frotté les parquets avec les meilleurs cires de chez Johnson, passé dix fois l'aspirateur (Électrolux) sur les moquettes et les tapis, secoué les couvertures de laine, lavé les rideaux de voile blanc, retourné les matelas et mis des fleurs dans toutes les pièces. Fred Waite, le chef jardinier a laissé échapper qu'il avait dans ces moments-là 99 vases exactement à remplir. 99 vases ! Monsieur Ray Hunt

La fondue de Klosters

(Pour 4 personnes)
350 g d'emmenthal râpé - 350 g de gruyère râpé - 1 gousse d'ail - 1/2 litre de vin blanc sec - 1 cuillerée à soupe de farine de maïs - poivre - noix de muscade - paprika - 1 petit verre de kirsch - sel (si nécessaire)

Frotter le plat à fondue avec la gousse d'ail. Dans une grande casserole à fond épais faire chauffer le vin et peu à peu rajouter le fromage râpé. Verser le kirsch dans une tasse et le mélanger avec la farine de maïs. Verser le mélange dans la casserole et faire cuire doucement sans cesser de remuer avec une cuillère en bois. Assaisonner avec poivre, paprika et noix de muscade. Quand le mélange est bien moelleux, transférer dans le plat à fondue. Allumer l'alcool à brûler. Chacun utilise sa propre fourchette dans laquelle il a piqué le pain coupé en dés.

Diana remplace parfois le pain par des légumes crus coupés en dés.

responsable des appareils de télévision est venu faire un dernier check-up à tous ses postes. Tout est fin prêt.

La reine arrive. Petit tour du propriétaire selon l'accoutumée, mais auparavant, on donne à boire aux gorkis assoiffés après leur long trajet en limousine. Les braves petites bêtes se ruent ensuite dans l'escalier d'honneur poursuivant leur maman chérie, bref ils retrouvent leurs habitudes. Le soir même, à l'heure du thé, recommence la cérémonie des cadeaux pour les employés de Sandringham. Ils sont tous là dans leurs plus beaux habits, de la plongeuse qui s'est fait son chignon compliqué jusqu'aux rabatteurs qui, dès demain matin, taperont les arbres avec leurs bois pour rameuter le gibier. Certains ont des médailles, preuve de leur long et fidèle service, beaucoup ont des gants blancs, signe de déférence. Un page lance leur nom et, l'un après l'autre, ils s'avancent pour recevoir des mains de leur reine bien-aimée le cadeau qu'ils conserveront comme un pieux souvenir jusqu'à leur mort.

Et tout recommence comme à Windsor, la dinde farcie, le Christmas pudding et surtout la chasse. Car on vient à Sandringham pour chasser et monter à cheval. Diana est en contrée familière. Elle a grandi dans la première maison de son père, Park House, sur les terres royales. Elle est allée petite fille à l'école du village voisin. Elle ne manquera pas cette fois-ci encore de se rendre chez son ancienne institutrice, Jean Lowe, qui enseigne toujours discipline et jeux à des petites classes de 15 enfants seulement. Par contre Diana évitera sans doute d'aller jeter un œil sur la maison de son enfance. Park House quasiment laissée à l'abandon a perdu toute sa chaleureuse atmosphère d'antan. La piscine béante et vide ajoute à l'allure désolée des lieux. Le toboggan est pourri, l'herbe pousse entre les pavés de la cour, tout est triste. Vide.

Les pâtes aux poireaux de Diana

(Pour 4 personnes)
350 g de pâtes à la farine complète - 4 ou 5 poireaux - 1 tasse de tisane aux herbes (faire infuser, thym, laurier, persil haché, 1 cuillerée en tout) - 1 cuillerée à café de curry - 4 cuillerées à soupe de fromage râpé - 25 cl de crème fraîche - 1 cuillerée à soupe d'huile - sel et poivre

Jeter les pâtes dans l'eau bouillante salée et laisser cuire. Le temps de cuisson est plus long que pour les pâtes blanches. Égoutter. Nettoyer les poireaux, n'en conserver que les blancs coupés en fines tranches. Les faire fondre dans l'huile, ajouter la poudre de curry et la tisane d'herbes. Laisser mijoter 10 minutes. Dans un plat à gratin, alterner une couche de pâtes, une couche de poireaux. Recouvrir avec le fromage râpé et ajouter la crème fraîche par-dessus. Mettre à four chaud 20 minutes environ jusqu'à ce que le plat gratine.

Allons, allons, retournons vite au château où les invités se joignent à la famille. Pouponnés comme des coqs en pâte, ils ont chacun quatre serviteurs à leur service. Ils peuvent, s'ils le désirent, emprunter des livres à la bibliothèque mais on leur demandera de signer dans le grand registre. Comme tout un chacun, la reine n'aime pas perdre ses volumes. Ils savent d'avance qu'ils prendront un ou deux kilos lors de leur séjour car comment résister à tout le gibier qui leur sera servi le soir au dîner, comment résister aux petits chocolats à la menthe qu'à la demande de la reine mère on dispose un peu partout dans les pièces. Des Élizabeth Shaw Mints exclusivement et cela depuis tant d'années. Mais Charles et Diana ne resteront pas six semaines à Sandringham. Confiant leurs enfants à leur mère et à la nurse qui veille, ils échappent à la famille et partent skier en Suisse ou en Autriche, en Suisse et en Autriche, pourquoi pas ? Ce ne sont pas les invitations qui manquent.

Ils échappent à la famille mais pas aux journalistes. Ah non ! Plus de cent cameramen, photographes, reporters les attendaient l'an dernier à Klosters en Suisse. La rencontre prend souvent des tournures épiques. Il faut avoir vu le « Royal Ratpack » (le royal paquet de rats) en action pour le croire. Le « Royal Ratpack » autrefois simplement appelé le « Royal Pack » représente la centaine de photographes et journalistes qui suivent Diana et Charles à travers le monde entier. Les plus ignorés de ces professionnels ne gagnent pas moins de 30 000 francs par mois mais des vedettes comme Tim Graham, James Whitaker du *Daily Mirror* ou Harry Arnold du *Sun* beaucoup, beaucoup plus. On surnomme volontiers les photographes « les singes » parce qu'ils ont la manie de grimper les uns sur les autres pour prendre leurs photos, les plus anciens ayant les meilleures places, celles du milieu. Les plus jeunes étant repoussés sur les côtés. On réserve aux jour-

Le gâteau de la reine mère (cake aux dattes)

(Pour 8 personnes)
250 ml d'eau chaude (1/4 de litre) - 1 cuillerée à café de bicarbonate de soude - 250 g de dattes hachées - 75 g de beurre - 300 g de farine - 1/2 cuillerée à café de sel - 1 cuillerée à café de levure - 250 g de sucre en poudre - 1 cuillerée à café d'essence de vanille - 1 œuf

Caramel :

5 cuillerées à soupe de sucre brun - 2 cuillerées à soupe de beurre - 2 cuillerées à soupe de crème fraîche

Faire bouillir l'eau. Y mélanger le bicarbonate. Y plonger les dattes coupées pour les faire gonfler. Pendant ce temps-là, mélanger ensemble le beurre, la farine, le sel et la levure. Puis ajouter le sucre, l'essence de vanille et l'œuf battu. Bien malaxer. Mélanger les dattes et leur eau à la pâte et mettre au four dans un moule à manqué beurré. Laisser cuire une heure à 190°.
Préparer le caramel en mélangeant sucre brun, beurre, crème fraîche et faire cuire tout en remuant trois minutes après que le mélange commence à bouillir. Quand le caramel est tiède (il reste mou) le répartir sur le gâteau avec une spatule. On peut décorer le cake avec des noisettes.

C'est le cake préféré de la reine mère. Elle a elle-même donné la recette et autorise qu'on la divulgue à condition qu'en même temps que la recette on donne 1 franc à une œuvre de charité.

nalistes le terme de « scribblers » parce que, manifestement, « ils ne savent pas écrire et ne font que des pâtés ».

L'an dernier dans son article sur « la saison royale de ski en Suisse », Simon Kinnersley, qui apparemment n'a pas l'habitude de ce genre de poursuite, parlait carrément, mais non sans humour, de la Bataille de Klosters. Il faut dire qu'en plus l'année dernière, il y eut la formidable apparition de Fergie, la fiancée, non officielle à l'époque, du prince Andrew. Mais avant qu'ils ne la reconnaissent sur les pistes, les journalistes ne savaient même pas qu'elle était là, ils n'étaient pas venus pour elle.

Bien avant l'arrivée du couple princier, la meute est déjà sur les dents. Certains journalistes ont des autorisations, d'autres pas. Certains sont envoyés à grands frais par leurs journaux, d'autres roulent « free lance », sans argent et dorment dans leurs voitures. Tous espèrent décrocher la photo du siècle, l'histoire exclusive de l'année, le « scoop » qui leur permettra « de se retirer jusqu'à la fin de leurs jours à la campagne sans plus se préoccuper de ces sordides histoires d'argent ». Ils sont toujours tous ensemble (d'où le *pack*, le paquet) s'épiant et s'épaulant tout à la fois car si l'anecdote est assez belle, il y en aura pour tout le monde, sans parler des petits malins restés à la maison et qui couvent d'un œil inquiet leurs téléscripteurs.

Alan Peters, garde du corps, s'approche pour donner les directives. Elles sont aussi simples que désolantes : Le prince et la princesse sont d'accord pour offrir une session de photos. Elle durera trois minutes et se tiendra sur le parking de la gare. Il y a de quoi se briser les côtes de rigolade. Tout cet argent dépensé, tout ce monde déplacé pour trois photos sur un parking alors qu'on est dans une des plus belles régions du monde. Romantique à souhait avec ses petits chalets de bois couverts de neige, ses sapins, ses montagnes et le soleil qui brille sur

Crêpes Suzette

(Pour 12 crêpes environ)
125 g de farine - 2 cuillerées à soupe de beurre - 1 œuf - 2 jaunes d'œufs - 1 cuillerée à soupe de sucre vanillé - 1 cuillerée à soupe de curaçao - 1/4 litre de lait et eau mélangés.

Dans un plat creux, mettre la farine. Mélanger avec le sucre vanillé. Faire un puits. Mettre l'œuf, les jaunes, le beurre fondu, le curaçao, mélanger à la cuillère en bois. Ajouter l'eau et le lait tout en continuant de tourner jusqu'à l'obtention d'une pâte lisse et homogène. Faire les crêpes dans une poêle chaude et légèrement beurrée. Les conserver au chaud dans une assiette placée au-dessus d'une casserole d'eau bouillante.

La sauce

2 cuillerées à soupe de beurre - 4 cuillerées à soupe de sucre en poudre - le jus de 2 oranges - le jus d'un demi-citron - 4 cuillerées à soupe de curaçao.

Faire fondre le beurre dans une sauteuse à fond épais. Ajouter le sucre et remuer jusqu'à ce qu'il caramélise. Ajouter les jus d'oranges et de citron en rumuant toujours jusqu'à ce que le caramel soit dissous et que la sauce épaississe. Dans cette sauce et toujours sur feu doux, déposer une crêpe, la replier en deux puis encore en deux et la pousser sur le bord de la sauteuse. Recommencer l'opération avec toutes les autres crêpes. Quand elles sont toutes repliées dans la poêle, verser le curaçao et remuer doucement la sauteuse. Éteindre le gaz et mettre le feu à l'alcool. Soulever les crêpes, remuer la sauteuse pour que l'alcool brûle bien partout. Servir sur un plat chaud, la sauce recouvrant les crêpes.

Quand Charles et Diana vont skier en Suisse chez leurs amis, les Palmer-Tomkinsons, ils n'omettent jamais de manger des crêpes Suzette chez Sonne, le restaurant voisin. On y sert 3 sortes de crêpes avec 3 sauces différentes. Elles sont préparées à la table et l'on change couverts et assiettes chaque fois qu'on mange une nouvelle crêpe.

le tout. Klosters méritait mieux. Le « Ratpack » ne rit pas du tout. Que faire ? Que faire ? Chacun se bat les flancs en signe de désespoir. On commence, comme dans tous les groupes de journalistes du monde, à raconter aux plus jeunes le bon vieux temps d'il y a cinq ans, lorsque l'on pouvait carrément parler face à face avec Diana qui n'était alors que la timide « Lady Di ». Harry apostrophe Whitaker : « Et le jour où tu t'étais déguisé en gentleman pour pouvoir entrer à Buck (Buck pour Buckingham Palace *of course*). » Whitaker ne se souvient que trop bien bla bla bla... Et tout d'un coup singes et greffiers ont de la chance, le protocole a changé d'avis. Charles et Diana se laisseront photographier à skis sur la piste verte que l'on a déjà barricadée à cet effet. En prime, la surprise : Sarah Ferguson, la déjà fameuse Fergie est avec eux. Clic clac merci Kodak. Diana porte la même tenue rouge que l'an dernier, c'est noté, Fergie rayonne sous sa toison rousse et son chapeau de Davy Crockett. Charles tente une ou deux blagues pour faire sourire sa femme harcelée par les « singes » : « La tête de ce côté *Darling*... Souris *Love*, tu es en vacances, ne l'oublie pas... Allez, Di fais un effort... Di, regarde Charles... Pose tes skis de l'autre côté... Di regarde-moi ma chérie, tu seras la plus belle »... « On dirait, se souvient Simon Kinnersley, qu'ils s'adressent à un couple d'épiciers vendant leurs carottes sur le bord du trottoir. » On est bien loin du respect dû à Leurs Majestés. Le *showbiz* et le *star-system* ont dévoré quelques minutes durant la royauté.

Sachertorte (gâteau au chocolat)

(Pour 8 personnes)
250 g de chocolat noir - 200 g de beurre - 200 g de sucre en poudre - 4 œufs - 200 g d'amandes pilées - 150 g de farine - 1 sachet de levure - 2 cuillerées à soupe de crème fraîche - 4 cuillerées à soupe de rhum

Pour la garniture :

200 g de chocolat - 1 poignée d'amandes pelées - 1 poignée de cerises confites

Faire fondre le chocolat au bain-marie ou au four à micro-ondes. Bien mélanger ensemble le beurre ramolli et le sucre en poudre. Battre les jaunes d'œufs avec le chocolat fondu. Mélanger tout ensemble. Sans cesser de tourner à la cuillère en bois. Ajouter peu à peu les amandes, la farine mélangée à la levure, le rhum et la crème fraîche. Battre les blancs d'œufs en neige très ferme. Les mélanger délicatement à la pâte.
Verser la pâte dans un moule à gâteau beurré. Mettre à four préchauffé à 190°, 1 heure. Pour vérifier la cuisson du gâteau planter une lame de couteau dedans, elle doit ressortir propre. Laisser refroidir le gâteau et le démouler. Faire fondre au bain-marie encore 200 g de chocolat noir et en recouvrir le gâteau. Décorer avec des amandes pelées et des cerises confites.

Charles et Diana se font servir ce gâteau chaque fois qu'ils vont en Autriche.

Ses vacances à la neige suffiront-elles à Diana pour se reposer et se remettre en forme ? On la sait épuisée, fatiguée, lasse de ses successives apparitions en public. Au cours de son dernier voyage à l'étranger en Arabie Saoudite, tous les observateurs ont pu remarquer à quel point leur princesse rieuse s'était transformée en jeune femme un peu triste, l'esprit ailleurs, peu intéressée par ce qu'il se passait autour d'elle. « Où est passé notre top-modèle, notre ambassadrice de charme ? » s'interrogeaient tour à tour le *Daily Mirror*, l'*Evening Standard* et *Woman's Own*. « Ne sommes-nous pas en train de décapiter notre poule aux œufs d'or ? » se demandait, en des termes plus euphémiques Simon Kinnersley. Puisqu'elle était si formidable avec les enfants, puisqu'elle faisait merveille auprès des petits vieux — une phrase d'elle sur leur mode de chauffage et l'Angleterre du Nord au Sud était prête à leur porter des sacs de charbon sur le dos —, puisqu'elle avait un tel charisme auprès des foules, puisqu'elle ne refusait jamais d'être l'invitée d'honneur d'une fête de charité, on l'avait envoyée plus de 300 fois en un an se produire en public. En 15 jours au mois de novembre, elle avait rempli 17 obligations.

Audience le matin, inauguration d'un hôpital l'après-midi, concert pour le tiers monde le soir... La Rose d'Angleterre penche la tête de lassitude. Pour éviter à son amie Fergie les mêmes embarras, Diana lui a d'ores et déjà donné de sérieux conseils :

Christmas pudding

(Pour 8 à 10 personnes) Préparer cette recette deux mois à l'avance.
250 g de raisins de Corinthe - 250 g de raisins de Smyrne - 100 g de raisins de Malaga épépinés - 100 g d'écorces d'oranges confites - 100 g d'amandes hachées - 250 g de saindoux (ou de beurre) - 250 g de farine - 50 g de chapelure - 1/2 cuillerée à café de noix de muscade râpée - 1 cuillerée à café de cannelle en poudre - 1/2 cuillerée à café de sel - 250 g de sucre brun - 3 œufs - 1 verre de lait

Dans un grand saladier, mélanger ensemble la farine, le sel et les épices. Ajouter les fruits secs, la chapelure, le sucre et bien mélanger. Battre les 3 œufs avec le lait et ajouter au mélange creusé en puits. Ajouter également le beurre ou le saindoux ramolli et bien mélanger avec une cuillère en bois jusqu'à l'obtention d'une pâte molle. Laisser reposer plusieurs heures et mélanger à nouveau. Graisser ou beurrer abondamment le moule à pudding. Garnir le fond et les bords du moule de papier sulfurisé beurré. Verser la pâte. La couvrir d'un papier sulfurisé beurré. Passer un élastique autour du moule pour bien tenir le papier. Faire cuire 3 heures au bain-marie en ajoutant de l'eau au bain si nécessaire. Après la cuisson retirer le papier qui couvrait le pudding et le remplacer par un autre NON GRAISSÉ. Conserver ainsi le gâteau dans un endroit sec. Au moment de servir remettre un papier graissé sur le dessus du gâteau et le faire recuire 3 heures au bain-marie. Laisser refroidir, démouler. Chauffer 3 cuillerées de cognac, les verser sur le gâteau et flamber. Servir avec le brandy butter.

Crème au beurre de brandy

100 g de beurre - 100 g de sucre en poudre - 4 cuillerées de cognac

Travailler le beurre en pommade jusqu'à ce qu'il soit bien pâle. Ajouter le sucre et bien mélanger. Peu à peu ajouter le cognac tout en tournant toujours jusqu'à l'obtention d'une crème légère. Laisser reposer au frais deux heures.

« Ne te précipite pas sur les œuvres de charité, évite les voyages officiels pendant au moins deux ans. Car dès que tu mets un doigt dans l'engrenage, c'est terminé, tu n'es plus maîtresse ni de ton temps, ni de toi-même. » Diana trouvera-t-elle bien vite un jardin secret, un hobby, une passion qui lui servira d'excuse pour refuser quelques rubans à couper ? C'est tout le bonheur qu'on lui souhaite. Elle a encore des années devant elle pour nous concocter une petite princesse aux yeux bleus et à son image.

Recettes complémentaires

Pour un pique-nique

Pour un barbecue

Pour un breakfast

Pour un tea-time

Crudités de Diana et leurs petites sauces

(Pour 6 à 8 personnes)
4 carottes lavées et coupées en bâtonnets - 4 branches de céleri coupées en bâtonnets - 1 bulbe de fenouil coupé en bâtonnets - 1 poivron vert épépiné, coupé en bâtonnets - 1 poivron rouge épépiné, coupé en bâtonnets - 1 botte de radis nettoyés - 1 petit chou-fleur découpé - 1/2 livre de petits champignons de Paris arrosés d'un jus de citron - 1/2 livre de petits haricots verts blanchis et cuits *al dente* - 1 botte de petites asperges nettoyées et cuites (recette p. 65) - 1/2 livre de jeunes courgettes crues grossièrement coupées en tranches

Arranger tous ces légumes joliment dans un grand plat rond. Servir accompagné de sauce aux concombres, de guacamole ou de mousseline d'aubergines (voir p. 184).

Des petites crudités évidentes pour Diana. Plateau télévision, grand fauteuil ou profond canapé. Voilà pour elle les éléments indispensables d'une soirée au chaud chez soi.

Les sauces

Sauce aux concombres

1 concombre - 2 yaourts - 1 cuillerée à soupe de persil, ciboulette et menthe

Éplucher le concombre en alternance de manière à n'ôter une lanière qu'une fois sur deux. Râper le concombre. Le mélanger à deux pots de yaourt et aux fines herbes hachées : persil, ciboulette et menthe. Servir en saucière.

Guacamole (sauce mexicaine)

2 avocats - 1 tomate pelée, épépinée, concassée - 1 piment rouge émincé - 1/2 cuillerée à café de feuilles de coriandre hachées - le jus d'1/2 citron - sel et poivre

Mélanger tous les ingrédients ensemble au mixer. C'est prêt.

Mousseline d'aubergines

1 bouquet de basilic - 2 cuillerées à soupe d'huile d'olive - 1 citron - sel et poivre

Chauffer le gril au four puis baisser sur température douce. Couper les aubergines en deux dans le sens de la longueur. Les placer sous le gril et les y laisser 3/4 d'heure en les retournant de temps en temps. Quand elles sont bien molles, retirer la chair à l'aide d'une cuillère et jeter peaux et graines. Passer la chair au mixer en y ajoutant une poignée de feuilles de basilic. Dans un bol, mélanger la préparation avec deux bonnes cuillerées d'huile d'olive, le jus d'un citron, sel et poivre.

Sauce hollandaise

(Cette méthode pour faire la sauce hollandaise est très simple et on ne peut la manquer)
1/2 livre de beurre - 4 jaunes d'œufs (à la température ambiante) - sel et poivre - 1 cuillerée à soupe d'eau tiède - le jus d'1/2 citron

Faire fondre doucement le beurre dans une casserole à fond épais. Dans le mixer mettre ensemble les jaunes, sel, poivre, l'eau tiède et le citron. Mixer à grande vitesse une ou deux minutes. Rajouter le beurre fondu et mélanger à nouveau une minute. Pour conserver la sauce à bonne température, la verser dans un bol mis au bain-marie. Tourner doucement la sauce juste avant de servir. Rectifier l'assaisonnement et rajouter un peu de jus de citron si nécessaire. Servir en saucière tiédie.

Barbecue
Brochettes d'agneau

1 épaule d'agneau désossée - 500 g de petits champignons de Paris - 2 poivrons rouges - 2 poivrons verts - 1 botte d'oignons de printemps (facultatif) - 1/2 livre de mini-tomates

Pour la marinade :

3 cuillerées à soupe d'huile d'olive - 3 cuillerées à soupe de vin blanc - 3 cuillerées à soupe de jus de citron - 1 oignon émincé - sel, poivre - 1 poignée de mélange : thym, marjolaine, persil haché, sauge - 1 gousse d'ail écrasée (facultatif)

Couper l'épaule d'agneau en gros dés, couper, après les avoir égrenés, les poivrons en tranches un peu épaisses. Sur une brochette, enfiler alternativement 1 tranche d'oignon, 1 tranche de poivron rouge, 1 champignon, 1 tranche de poivron vert, 1 mini-tomate, 1 morceau de viande et ainsi de suite. Lorsque toutes les brochettes sont prêtes, les mettre dans la marinade. Déposer au frais 12 heures en les remuant de temps en temps. Faire cuire sur le gril au moment du repas.

Poisson en marinade

Utiliser la même recette de marinade que précédemment en y ajoutant un bulbe de fenouil émincé.

Choix des poissons :

Des sardines vidées ou des filets de poisson à chair ferme. Si l'on utilise un gros poisson genre daurade, la faire écailler et vider par le poissonnier avant de la mettre en marinade. Pour la cuire sur le gril, l'envelopper dans du papier d'aluminium.

Pommes de terre sous la braise

Bien laver les pommes de terre. Les envelopper non épluchées dans du papier d'aluminium et les placer sous une braise pas trop rougeoyante pendant une heure. Les retourner de temps à autre. Piquer pour vérifier leur cuisson.
Servir les pommes de terre avec une crème fleurette ou du yaourt bulgare mélangé à une bonne poignée de ciboulette hachée. Saler, poivrer.

Sauce barbecue

1 oignon haché - 2 gousses d'ail (facultatif) - 1 cuillerée de concentré de tomates - 1 cuillerée à café de sauce piquante (ou plus selon les goûts) - 15 cl de bouillon (fait avec un cube de bouillon concentré de poulet) - 1 verre de vin rouge - 1 tomate épluchée, épépinée, concassée - 1 cuillerée à soupe de miel - 2 cuillerées à soupe d'huile d'olive - 1 cuillerée à café de moutarde - 1 cuillerée à café de sauce Worcestershire - 1 cuillerée à café d'origan haché

Dans une sauteuse, faire chauffer l'huile et fondre les oignons. Quand ils sont transparents, rajouter tous les ingrédients et laisser cuire à petit feu pendant une demi-heure. Cette sauce se mange chaude ou froide.

Crumpets pour le petit déjeuner

(18-24 crumpets)
750 g de farine - 1 cuillerée à café de sel - 1 litre de lait - 20 g de levure de boulanger

Pour les moules, il faut des cercles d'aluminium de 3 cm de haut et sans fond. On les trouve dans les magasins spécialisés pour la cuisine d'hôtellerie. Beurrer le tour intérieur des moules.
Dans un grand saladier tiédi, mélanger le sel et la farine. Creuser un puits au milieu. Par ailleurs, mélanger la levure dans un peu de lait tiède. Ajouter le reste du lait à ce mélange. Faire une pâte avec la farine en ajoutant le lait tiède peu à peu jusqu'à obtenir une pâte crémeuse un peu plus épaisse qu'une pâte à crêpes. Couvrir le saladier et laisser reposer une heure pour que la pâte gonfle. Couvrir la plaque du four d'un papier sulfurisé beurré. Placer les moules à crumpets. Verser la pâte dans les moules jusqu'à 1 cm de haut environ. Mettre à four préchauffé à 190° (thermostat 5). En soulevant avec un couteau au bout d'un quart d'heure de cuisson, vérifier que les crumpets commencent à dorer. Les retourner alors sur l'autre face et laisser cuire encore 4-5 minutes.
Ces crumpets se conservent 4 ou 5 jours au réfrigérateur.
Les toaster au moment de servir et les couvrir de beurre et de confiture ou de miel.

Un délice britannique qui pèse sur les hanches.

Oeufs brouillés au saumon

(Pour 4 personnes)
4 tranches fines de saumon fumé - 8 œufs - 100 g de beurre - sel, poivre blanc et poivre gris - citron

Battre légèrement les œufs ensemble après avoir salé, poivré et ajouté un peu d'eau (une cuillerée à soupe). Dans une casserole à fond épais, faire chauffer le beurre jusqu'à ce qu'il soit moussant. Verser les œufs et laisser cuire en remuant doucement. Les œufs doivent cuire très lentement à feu doux. Préparer des toasts. Les beurrer. Les déposer sur les assiettes de service chaudes. Verser les œufs. Couvrir d'une tranche de saumon pour chaque assiette. Donner un tour de moulin à poivre. Servir avec un quartier de citron.

Scones sucrés pour le thé

(12 scones)

200 g de farine - 2 cuillerées à café de levure - 1 pincée de sel - 50 g de beurre - 2 cuillerées à soupe de sucre en poudre - 50 g de raisins de Corinthe - 20 cl de lait

Mélanger ensemble la farine, la levure et le sel. Couper le beurre en lamelles et le mélanger à la farine jusqu'à ce qu'elle tombe en miettes. Rajouter le sucre et les raisins secs. Peu à peu verser le lait en mélangeant jusqu'à obtenir une pâte lisse, comme une pâte à pain. Sur le plan de travail fariné, rouler la pâte en un long boudin et découper en scones de 5 cm de long. Étaler sur la plaque du four un papier sulfurisé beurré et disposer les scones. Avec un pinceau trempé dans du lait, brosser la surface des scones. Mettre au four préchauffé à 220° (thermostat 8) pendant 10 minutes environ. Ces scones se conservent plusieurs jours en boîte métallique. Les servir chauds avec du beurre.

Petits sandwichs au pain de mie

Pain de mie en tranches - concombre pelé et émincé - cresson nouveau - beurre - sel et poivre

Beurrer les tranches de pain de mie, couvrir de tranches de concombre. Saler, poivrer (sauf si vous utilisez du beurre salé comme c'est très souvent le cas en Angleterre). Recouvrir d'une autre tranche de pain de mie beurrée. Avec un couteau bien aiguisé, supprimer la croûte sur tous les côtés et couper les tranches en deux diagonales pour obtenir quatre petits sandwichs triangulaires. Faire de même avec le cresson nouveau.

Le cresson nouveau est très populaire en Grande-Bretagne. Il s'achète en petits pots et on le coupe aux ciseaux comme du persil.

Lemon curd

2 citrons - 100 g de beurre - 200 g de sucre en poudre - 6 œufs

Verser dans un appareil à bain-marie le jus des deux citrons et leur zeste râpé, les 100 g de beurre coupé en petits morceaux, le sucre en poudre. Remuer avec une cuillère en bois sur feu doux jusqu'à ce que le mélange soit bien lisse. Retirer du feu. Casser un œuf entier dans la préparation, remuer jusqu'à ce qu'il soit bien intégré. Continuer ainsi à mélanger un à un tous les œufs. Remettre le mélange bien homogène sur le feu doux et toujours au bain-marie. Tourner jusqu'à ce que la crème s'épaississe. Elle doit être bien lisse. Verser en pots de confiture. La lemon curd se conserve 3 semaines au réfrigérateur, il est donc inutile d'en préparer de trop grandes quantités à la fois.

Cette recette très britannique est délicieuse et se déguste comme nos confitures. Sur du pain grillé, elle est inégalable.

Index des recettes

ENTRÉES

POISSONS

VOLAILLES

VIANDES

RECETTES DU BARBECUE

PLATS VÉGÉTARIENS

DESSERTS

Table des recettes

PRINTEMPS

ÉTÉ

AUTOMNE

HIVER

Bibliographie

Majesty, de Robert Lacey, Hutchinson publisher, 1977

Diana Princess of Wales, de Penny Junor, Sidwick & Jackson publisher, 1982

Princess Di, The National Dish, de Diana Simmonds, Pluto Press, 1984

Charles and Diana, their married life, Graham et Heather Fisher, Robert Hale publisher, 1984

The Ultimate Family, de John Pearson, Michael Joseph publisher, 1986

Charles and Diana, the first five years, de Ashley Walton et Jayne Fincher, Scott publishing Cie, 1986

In private, in person, de Alastair Burnet, Michael O' Mara Books Ltd, 1985

Buckingham Story, de Bertrand Meyer, Editions Perrin 1986

Charles et Diana, de Ralph G. Martin, Presses de la Renaissance, 1986

Secrets royaux, de Stephen Barry, Albin Michel, 1985

Remerciements

Tous les plats, assiettes et argenterie, nous ont été aimablement fournis par Harrods (Knightbridge, Londres), que nous tenons à remercier ici.

Toutes les photographies présentées dans cet ouvrage sont de Caroline Arber sauf celles face aux pages 12, 56 et 144 : par Tim Graham (Sigma), et face à la page 100 : par Lionel Cherruault.

Cet ouvrage composé par
Charente-Photogravure à Angoulême
a été imprimé par Pollina à Luçon
en mars 1987

Imprimé en France

Numéro d'édition : 9460
Numéro d'impression : N° 8987
Dépôt légal : avril 1987